Vicens Vives
Educació Secundària

Aula3D

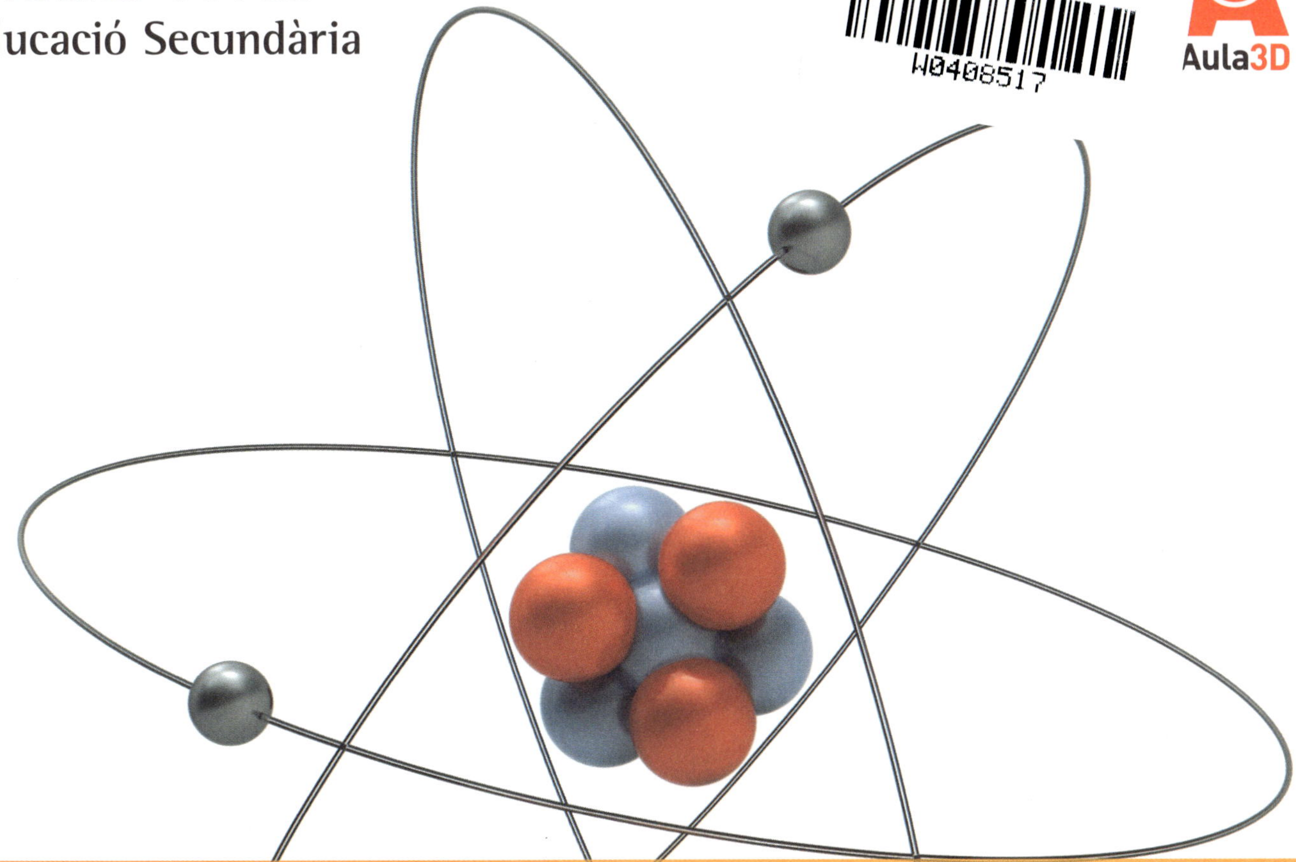

FiQ 3D

FÍSICA I QUÍMICA

Aquest llibre ha estat imprès en paper ecològic reciclable i amb tintes exemptes d'elements pesants solubles. Directiva Europea 88/378/UE, norma revisada EN/71.

Primera edició, 2016

1 2 3 4

Dipòsit Legal: B. 17.738-2016/ ISBN: 978-84-682-3971-2/Núm. d'Ordre V.V.: JM39.

IMPRÈS A ESPANYA. PRINTED IN SPAIN.

Índex

1 El treball científic

Com se sap que una cosa és certa?

El treball dels científics consisteix a plantejar-se preguntes que siguin d'interès per a la seva investigació i a buscar-ne les respostes.

Perquè les investigacions siguin adequades, els científics utilitzen uns procediments de treball molt rigorosos que es coneixen genèricament amb el nom de **mètode científic**.

1600-1699

1687 — El físic anglès Isaac Newton (1642-1727) publica el llibre *Philosophiae Naturalis Principia Mathematica*, on posa les bases de la mecànica clàssica i de la llei de la gravitació universal.

1700-1799

1790 — Sistema mètric. En el context de la Revolució Francesa, es decideix crear un sistema d'unitats racional, unificat i senzill que substitueix l'embolic d'unitats tradicionals emprats fins aleshores.

1789 — Llei de conservació de la matèria. El químic francès A. Lavoisier (1743-1794) estableix la llei de la conservació de la matèria, segons la qual la matèria ni es crea ni es destrueix, només es transforma.

Què sabem?

1. **La física, la química i la biologia són camps d'investigació científica. Quins altres camps coneixes?**

2. **És el mateix l'astrologia que l'astronomia? Defineix-les. Algun d'aquests termes correspon a un camp d'investigació científica?**

– Astrologia:

– Astronomia:

3. **A diferència d'altres professions, el treball dels científics i les científiques acostuma a ser anònim. Coneixes els noms de científics o científiques actuals? I del passat?**

– Científics actuals:

– Científics del passat:

4. **De tots els científics que apareixen a la línia inferior del temps, quin et sembla que ha fet una contribució més important a la ciència? Per què?**

1800-1899 | **1900-1999**

• 1905

El físic Albert Einstein (1879-1955) publica la teoria de la relativitat especial, els postulats de la qual, realment revolucionaris, remouen els fonaments de la mecànica de Newton; per això es considera l'inici de la física moderna.

• 1960

Sistema internacional d'unitats. En l'XI Conferència General de Pesos i Mesures s'estableix el SI amb sis unitats bàsiques: metro, quilogram, segon, ampere, kelvin i candela.

• 1971

S'afegeix al SI la unitat bàsica de la química, el mol, corresponent a la magnitud de la quantitat de substància.

1 La investigació científica

- El **mètode científic** és el procediment que segueixen les diferents disciplines per respondre les preguntes formulades que permeten entendre el món que ens envolta.
- Es regeix per unes **etapes**:

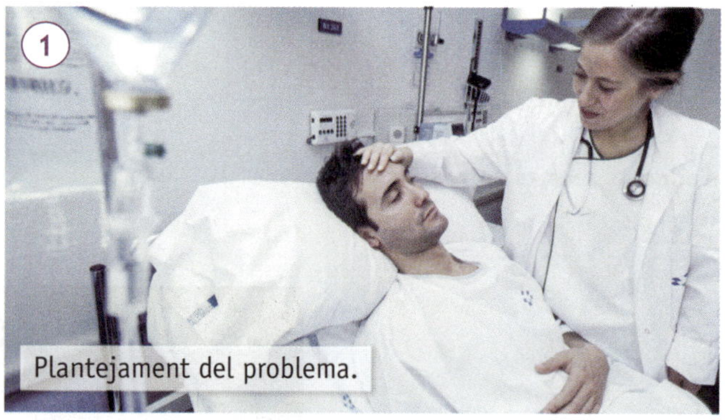

1 Plantejament del problema.

2 Cerca d'informació.

3 Formulació d'hipòtesis.

4 Experimentació i recollida de dades.

5 Anàlisi de dades.

6 Obtenció de resultats i conclusions.

Lleis i teories científiques

- La investigació genera lleis i teories científiques.

Llei científica
És una descripció detallada del fenomen de la investigació.

Teoria científica
Consisteix a organitzar les lleis relacionades entre elles en una agrupació coherent d'idees i principis.

@ Amplia a la Xarxa...
Repassa el mètode científic a: www.tiching.com/731739

5. **Ordena les etapes del mètode científic i a continuació explica'n l'objectiu:**

- ◯ Anàlisi de dades.
- ◯ Obtenció de resultats i conclusions.
- ◯ Experimentació i recollida de dades.
- ◯ Formulació d'hipòtesis.
- ◯ Cerca d'informació.
- ◯ Plantejament del problema.

....

....

6. **Lavoisier va enunciar la llei de conservació de la massa i Einstein va enunciar la teoria de la relativitat. Contesta:**

Einstein

Lavoisier

– Què és una llei científica? ....

....

....

– Les lleis científiques es poden canviar? ....

....

....

– Què és una teoria científica i quina relació té amb les lleis científiques? ....

....

....

....

7. **Suposa que ets un científic. Planteja alguna pregunta adequada a una disciplina científica que escullis i descriu les etapes de la investigació que et permetria donar-hi resposta:**

....

....

....

....

....

....

....

....

2 Magnituds i unitats

Les magnituds i la seva mesura

- Una **magnitud** és qualsevol qualitat de la natura que es pugui mesurar.

El gust d'una fruita és una característica que no es pot mesurar: no és una magnitud.

- La **mesura d'una magnitud** és el nombre de vegades que la quantitat de magnitud considerada conté la unitat.

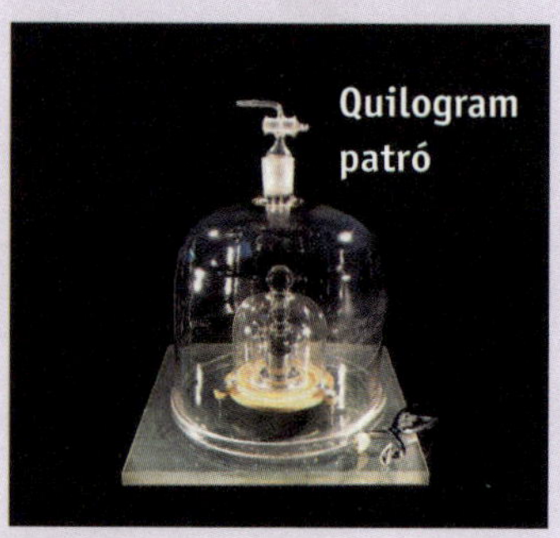

La unitat de massa és el *quilogram*.

- Els científics utilitzen normalment el **sistema internacional d'unitats (SI)**, que consta de set **unitats bàsiques** clarament definides.
- Les altres unitats es defineixen a partir de les bàsiques i per això són **unitats derivades**. Per exemple, la unitat de superfície, el m^2, deriva de la unitat de longitud, el metre (m).
  - Gairebé tots els símbols de les unitats s'escriuen en minúscula. Alguns van en majúscula en referència a algun científic prestigiós, com ara l'ampere (A) per Ampère.
- Per escriure quantitats molt grans o molt petites, s'utilitzen **múltiples** i **submúltiples** de les unitats.
  - Per expressar una quantitat mitjançant múltiples o submúltiples, o en una altra unitat que no sigui del SI, es recorre al **factor de conversió**. Per exemple:

Com que 24 h = 1 dia ⇒ el factor $\frac{24\ h}{1\ dia}$ converteix dies en hores.

Com que 1 h = 60 min ⇒ el factor $\frac{60\ min}{1\ h}$ converteix hores en minuts.

Ara apliquem factors de conversió i obtenim:

$$\text{temps} = 3\ \cancel{dies} \cdot \frac{24\ \cancel{h}}{1\ \cancel{dia}} \cdot \frac{60\ min}{1\ \cancel{h}} = \frac{3 \cdot 24 \cdot 60}{1 \cdot 1}\ min = 4\,320\ min$$

magnitud	unitat	
longitud	metre	m
massa	quilogram	kg
temps	segon	s
intensitat de corrent	ampere	A
temperatura	kelvin	K
quantitat de substància	mol	mol
intensitat lluminosa	candela	cd

Sistema internacional d'unitats (SI).

MÚLTIPLES I SUBMÚLTIPLES		
prefix	**símbol**	**factor multiplicador**
tera-	T	10^{12} = 1 000 000 000 000
giga-	G	10^{9} = 1 000 000 000
mega-	M	10^{6} = 1 000 000
kilo-	k	10^{3} = 1 000
hecto-	h	10^{2} = 100
deca-	da	10^{1} = 10
deci-	d	10^{-1} = 0,1
centi-	c	10^{-2} = 0,01
mil·li-	m	10^{-3} = 0,001
micro-	μ	10^{-6} = 0,000 001
nano-	n	10^{-9} = 0,000 000 001
pico-	p	10^{-12} = 0,000 000 000 001

Simplificació de quantitats molt grans o molt petites per evitar l'ús de moltes xifres i reduir errors.

@ Amplia a la Xarxa...

Aprèn com s'utilitza un conversor d'unitats a: www.tiching.com/731742

8. La imatge correspon a l'Oficina Internacional de Pesos i Mesures de Sèvres (França), on hi ha el quilogram patró. Per a què serveix exactament aquesta unitat?

....

....

....

....

....

....

....

9. Explica què és el sistema internacionals d'unitats:

....

....

10. Què són les unitats derivades? Posa'n un exemple:

....

....

11. Expressa en micròmetres (μm) la longitud d'una cèl·lula de 0,000 004 5 m:

12. Expressa en metres quadrats (m^2) l'àrea d'una taula de cuina que fa 12 000 cm^2:

13. Fes aquestes conversions:

345 g = ... kg

8000 mm = ... km

6,5 g = ... mg

2954 s = ... dia

22 m^2 = ... cm^2

20 K = ... °C

2 T = ... G

28 dies = ... s

3 km = ... mm

3

DESCOBREIX

El laboratori

A MATERIAL PER CONTENIR, MESCLAR O ESCALFAR

- **Vas de precipitats** (1). Per contenir líquids o escalfar-los, fer reaccions. La majoria estan graduats.
- **Matràs** (2). Recipient esfèric per escalfar líquids.
- **Matràs d'Erlenmeyer** (3). Matràs cònic per escalfar líquids o fer reaccions.
- **Tub d'assaig** (4). Per fer assajos qualitatius senzills. S'acostuma a col·locar en una gradeta.
- **Cristal·litzador** (5). Recipient baix i ample, per deixar evaporar líquids a temperatura ambient.
- **Càpsula de porcellana** (6). Per escalfar a temperatures altes.

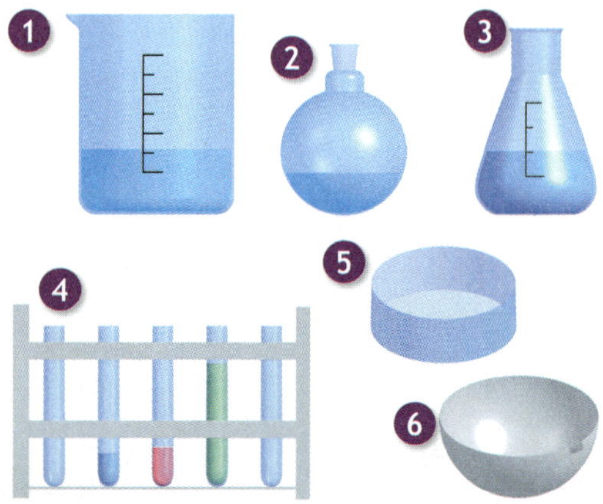

B INSTRUMENTS HABITUALS

- **Balança** (7). Per pesar substàncies.
- **Regle + flexòmetre** (8). Per mesurar longituds.
- **Termòmetre** (9). Per mesurar temperatures.
- **Pila + font d'alimentació** (10). Proporcionen corrent elèctric.

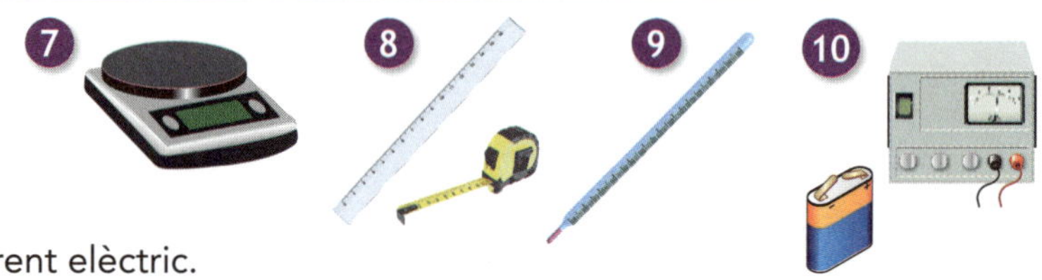

C MATERIAL VOLUMÈTRIC

- **Proveta** (11). Recipient graduat que serveix per mesurar volums aproximats.
- **Matràs aforat** (12). Recipient amb una marca (línia d'enrasament) que indica el volum contingut.
- **Bureta** (13). Tub graduat amb clau per mesurar el volum abocat.
- **Pipeta** (14). Tub graduat amb marques de capacitat per abocar un cert volum.

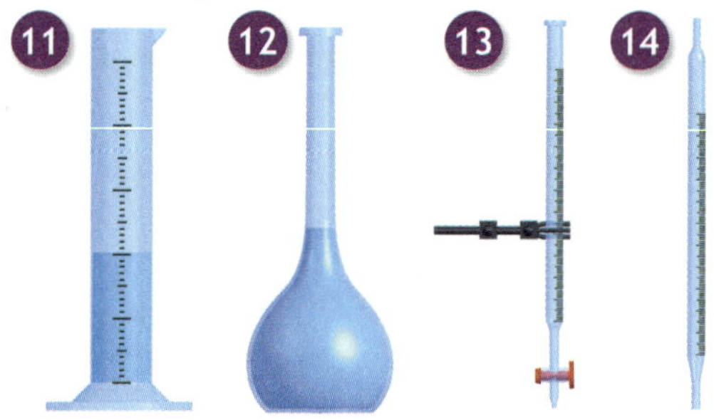

D MATERIAL D'ÚS DIVERS

- **Comptagotes** (15). Per abocar líquids gota a gota.
- **Embut** (16). Per transvasar líquids d'un recipient a un altre.
- **Morter** (17). Per triturar sòlids.
- **Espàtula** (18). Per agafar petites quantitats de sòlids.
- **Vidre de rellotge** (19). Platet de vidre per dipositar-hi petites quantitats de sòlids.
- **Flascó rentador** (20). Acostuma a contenir aigua destil·lada.

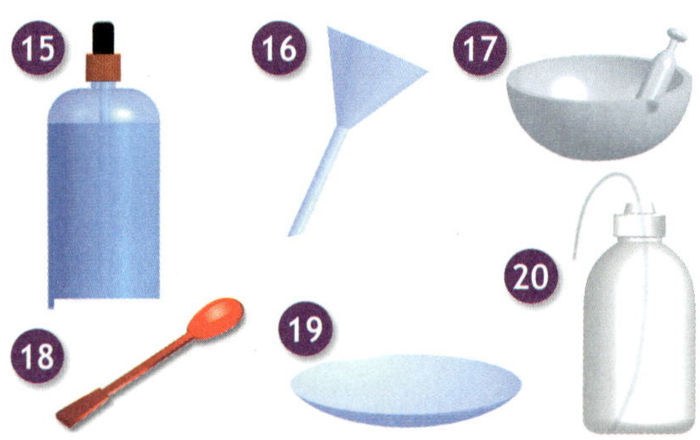

14. **Què és el material volumètric? Anomena'n dos tipus i explica per a què serveixen:**

....

....

15. **Quins recipients s'acostumen a utilitzar per escalfar líquids?**

....

16. **Per mesurar 15 cm^3 de líquid, què és millor utilitzar? Indica-ho amb una creu (X):**

- ◯ Una proveta de 100 cm^3.
- ◯ Un vas de precipitats.
- ◯ Un tub d'assaig.
- ◯ Una proveta de 25 cm^3.

17. **Relaciona cada imatge amb el seu nom i la seva funció:**

1

2

3
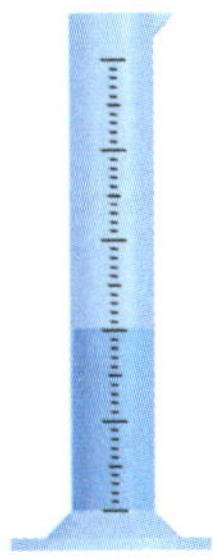

4

◯ PROVETA	◯ EMBUT	◯ MATRÀS	◯ MORTER
◯ Recipient graduat que mesura volums aproximats.	◯ Recipient per transvasar líquids d'un lloc a un altre.	◯ Recipient esfèric que s'utilitza per escalfar líquids.	◯ Recipient que s'utilitza per triturar sòlids.

18. **Cerca informació i relaciona els pictogrames amb els textos:**

- **Inflamable.** Substàncies que cremen fàcilment.
- **Corrosiu.** Substància reactiva que pot destruir els teixits vius.
- **Nociu.** Substància irritant, al·lergògena o de menys toxicitat.
- **Tòxic.** Substància verinosa per ingestió, inhalació o contacte.

4 Característiques de la mesura

- Un mesurament es fa de manera **directa** si es disposa de l'instrument adequat. Per exemple, la massa amb una balança.
- La mesura s'expressa amb un valor numèric format per cert nombre de xifres, anomenades **xifres significatives**, i la unitat corresponent.
- Un mesurament es fa de manera **indirecta** segons l'instrument que s'utilitza o la naturalesa de la magnitud.
- Una mesura sempre és aproximada a causa de les limitacions del procediment i de l'instrument utilitzat.
- En les investigacions científiques, per pal·liar tant com sigui possible la **incertesa de les mesures**, s'acostuma a fer molts mesuraments iguals i es pren com a valor de la **mesura la mitjana aritmètica** de tots els valors obtinguts.

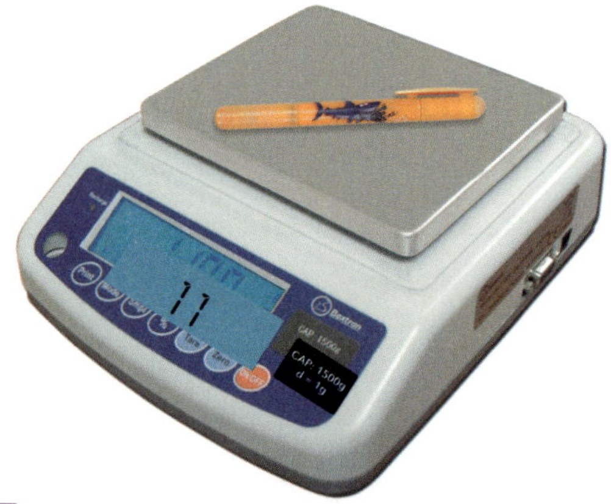

Mesurament directe de la massa d'un objecte.

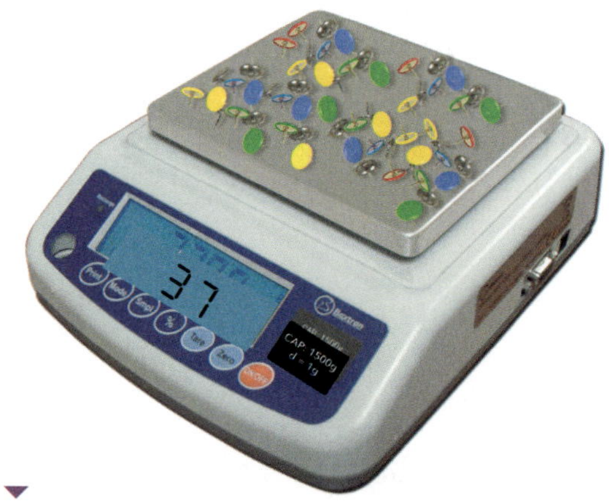

Mesurament indirecte de la massa d'un objecte a partir d'un grup nombrós de petits objectes.

Arrodoniment numèric

- Per arrodonir un valor es pot aproximar de dues maneres:
  - **Aproximació per defecte**. Si la primera xifra de la qual es prescindeix és 0, 1, 2, 3 o 4, l'última xifra significativa es deixa igual. 15,**2**06 → 15,**2**.
  - **Aproximació per excés**. Si la primera xifra de la qual es prescindeix és 5, 6, 7, 8 o 9, l'última xifra significativa s'augmenta en una unitat. 12,**6**83 → 12,**7**.

@ Amplia a la Xarxa...

Utilitza una calculadora de xifres significatives a: www.tiching.com/731744

19. Què diferencia un mesurament directe d'un d'indirecte?

....

....

20. Indica si els elements següents es poden mesurar mitjançant mesurament directe (D) o indirecte (I):

Calcular el pes d'una fulla pesant-ne un munt.

Pesar una poma.

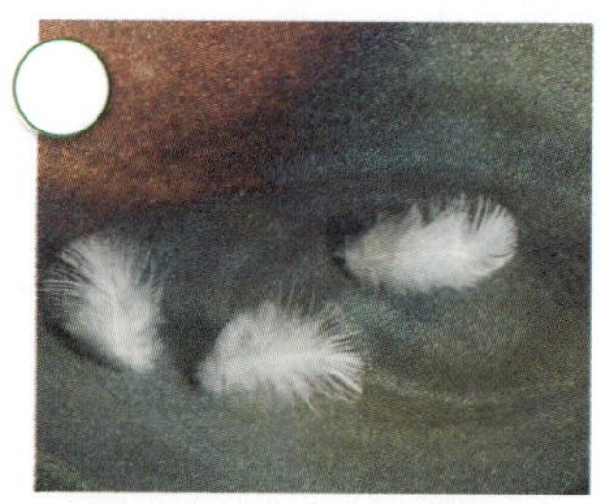

Calcular el pes d'una ploma pesant-ne tres.

Calcular l'altitud d'una muntanya.

21. **Fixa't en els arrodoniments de les xifres següents i escriu si es tracta d'una aproximació per defecte o per excés:**

28,34698 → 28,4 .... 9,132 → 9,1 .... 99,967 → 100 ....

42,3005 → 42,3 .... 31,001 → 31 .... 56,6720 → 56,7 ....

22. **Si et diuen que una mesura és aproximada, significa que està mal presa?**

....

....

....

23. **Per mesurar la massa d'un cargol metàl·lic, se'n van pesar 150 unitats en una balança que apreciava només grams, i la massa total era de 958 g. Quina massa té un cargol?:**

24. **Els fulls de paper DIN A4 tenen les dimensions: 210 mm × 297 mm. Calcula l'àrea d'un full DIN A4 expressada en centímetres quadrats i amb tres xifres significatives:**

25. **Es van fer cinc mesuraments diferents d'una certa magnitud: 34,62; 36,75; 35,92; 34,98 i 36,02. Quin valor s'ha de prendre com a resultat del mesurament? Calcula'l:**

26. Escriu les unitats i els símbols del sistema internacional que corresponen a les magnituds següents:

longitud ....

massa ....

temps ....

superfície ....

volum ....

27. Canvia el símbol de cada unitat pel del múltiple o submúltiple més adequat:

a) $3{,}1 \cdot 10^{2}$ m ....

b) $5 \cdot 10^{-12}$ m ....

c) $42 \cdot 10^{-2}$ m ....

d) $3{,}6 \cdot 10^{3}$ m ....

e) $4{,}5 \cdot 10^{-3}$ m ....

f) $2 \cdot 10^{-6}$ m ....

28. Expressa en segons (s) les mesures següents:

a) 3,52 dies ....

b) 42 minuts ....

c) 11 minuts i 24 segons ....

d) 1 hora i 5 minuts ....

e) mitja hora ....

f) 1 setmana ....

29. Arrodoneix aquests valors a dues xifres significatives:

a) 23,82 .... d) 56,00 mm ....

b) 3,002 .... e) 100 cm ....

c) 56 mm .... f) 34,003 s ....

30. Indica el nombre de xifres significatives de cada mesura:

a) 2,87 km .... b) 0,05 g ....

31. La massa de 150 cargols metàl·lics iguals és de 737 grams. Quina massa té un cargol?

....

32. Troba l'àrea d'una cartolina triangular de 17 cm de base i una altura de 7,5 cm, en metres quadrats:

33. Utilitza un regle per fer els mesuraments següents i indica si són directes o indirectes:

a) El diàmetre exterior i interior d'un CD.

....

b) La superfície d'una de les cares d'una moneda.

....

34. Amb un rellotge, determina el temps que transcorre entre dos batecs consecutius del teu cor i contesta:

a) És un mesurament directe o indirecte?

....

b) Penses que es podria establir el batec del cor com una unitat de temps? Per què?

....

....

35. La milla, la iarda i el peu són unitats de longitud del sistema anglosaxó. Les seves equivalències són:

1 milla = 1609 m	1 peu = 30,48 cm	1 iarda = 91,44 cm

– Tingues en compte aquestes equivalències i calcula:

a) Quants peus són 20 iardes? ....

b) Quantes iardes hi ha en 2 milles? ....

c) Quantes milles són 500 peus? ....

36. Una persona diu que s'ha pesat en la bàscula de bany i pesa exactament 55 kg. Què li diria un científic sobre aquesta afirmació?

....

....

RESPON A LA PREGUNTA INICIAL

Com se sap que una cosa és certa?

....

CONSOLIDA EL QUE HAS APRÈS

37. Ordena les etapes del mètode científic:

- ◯ Obtenció de resultats i conclusions.
- ◯ Cerca d'informació.
- ◯ Anàlisi de dades.
- ◯ Plantejament del problema.
- ◯ Formulació d'hipòtesis.
- ◯ Experimentació i recollida de dades.

38. Completa el mapa conceptual:

La mesura d'una magnitud
- pot ser
  - ....
  - ....
- s'expressa
  - ....
  - ....
  - ....

39. Expressa en metres (m) les mesures següents:

a) 1,34 km ....

b) 245 cm ....

c) 0,0034 mm ....

d) 75 hm ....

e) 2697 mm ....

f) 312 dm ....

40. Ordena els temps següents de més gran a més petit:

- ◯ 32 000 segons
- ◯ 3 dies
- ◯ 2 setmanes
- ◯ 50 hores
- ◯ 450 minuts
- ◯ 1 mes
- ◯ 2 trimestres
- ◯ 120,5 dies

41. Sabent que 1 m^3 equival a 1000 L, relaciona cada volum amb la fotografia corresponent:

(a) 200 mL (b) 1 dm^3 (c) 50 cm^3 (d) 0,5 m^3

◯ 

◯ 

◯ 

◯ 

2 LA MATÈRIA

Com s'explica el comportament de la matèria?

Encara que el nostre planeta s'anomena *Terra*, un nom més adequat seria *Aigua*, tenint en compte la seva abundància i la importància que té per a la vida.

A la natura, l'aigua es troba en forma sòlida, líquida i gasosa, i passa fàcilment d'un estat a un altre.

Actualment, els científics conceben un model de la matèria, l'anomenada teoria cineticomolecular, que explica els estats d'agregació de la matèria i els seus canvis.

1640-1699

1643 — Pressió atmosfèrica. El científic italià E. Torricelli (1608-1647) mesura la pressió atmosfèrica.

1662 — Llei de Boyle. El físic irlandès R. Boyle (1627-1691) descobreix la relació entre el volum d'un gas i la pressió a què es troba.

1700-1799

1742 — Escala Celsius. L'astrònom suec A. Celsius (1701-1733) proposa una escala tèrmica centígrada que situa el valor zero al punt de congelació de l'aigua i el valor 100 al punt d'ebullició.

Què sabem?

1. **Dibuixa un esquema sobre el cicle de l'aigua, i indica els canvis d'estat que s'hi produeixen:**

2. **La major part de l'aigua del nostre planeta és salada, però no ho és el gel acumulat en els pols. Per què?**

....

....

....

....

3. **Coneixes alguna substància que passi d'un estat d'agregació a un altre amb tanta facilitat com l'aigua?**

....

4. **Llegeix la línia inferior del temps i troba el científic que...:**

– ...va descobrir la relació entre el volum que ocupa un gas i la seva temperatura.

....

– ...va descobrir la relació entre la pressió d'un gas i la temperatura a què es troba.

....

1800-1899

• 1787 Llei de Charles. El científic francès J. Charles (1746-1823) descobreix la relació entre el volum que ocupa un gas i la temperatura a què es troba.

• 1802 Llei de Gay-Lussac. El científic francès J. L. Gay-Lussac (1778-1850) descobreix la relació entre la pressió d'un gas i la temperatura a què es troba.

• 1848 Temperatura absoluta. El físic britànic W. Thomson (1824-1907), baró de Kelvin, proposa una escala tèrmica sense valors negatius.

• 1857-1871 Teoria cineticomolecular. Es construeix al segle XIX basada en els treballs de:

R. Clausius (1822-1888)

J. C. Maxwell (1831-1879)

L. Boltzmann (1844-1906)

1 La matèria i els seus estats

- Per **matèria** s'entén tot allò que té massa i ocupa un volum. Tot el que hi ha al teu voltant és matèria.
  - La **massa** (*m*) indica la quantitat de matèria que compon un objecte. Es mesura amb balances i s'expressa, en el sistema internacional d'unitats (SI), en quilograms (kg), tot i que també s'acostumen a utilitzar el gram (g) i el mil·ligram (mg).
  - El **volum** (*V*) és l'espai que ocupa la matèria. En el SI s'expressa en metres cúbics (m^3), encara que també s'utilitzen el litre (L) i el mil·lilitre (mL).
- La massa i el volum es relacionen a través de la **densitat** (ρ), que ens indica quina quantitat de massa d'una certa substància ocupa un determinat volum:

$$\rho = \frac{m}{V}$$

- El **quilogram per metre cúbic** (kg/m^3) és la unitat de densitat en el SI, tot i que sovint s'expressa en grams per centímetre cúbic (g/cm^3).
- La matèria es pot presentar a la natura en algun d'aquests tres estats d'agregació:
  - **Sòlid**. Els sòlids tenen forma pròpia i el seu volum és constant. Si s'escalfen, es *dilaten*.
  - **Líquid**. Els líquids no tenen forma pròpia i s'adapten a la forma del recipient que els conté. Quan s'escalfen, es dilaten més que els sòlids.
  - **Gas**. Els gasos no tenen forma pròpia i ocupen l'espai del recipient que els conté. El seu volum no és constant, perquè es comprimeixen fàcilment. Quan s'escalfen, es dilaten molt.
- Si se sotmet la matèria a variacions de temperatura o pressió, pot passar d'un estat a un altre. Aquesta transformació rep el nom de **canvi d'estat**:

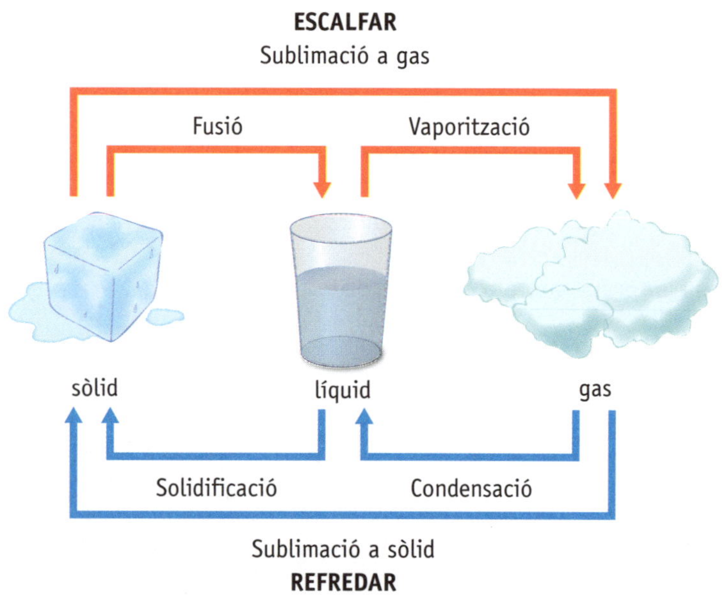

La matèria té massa i ocupa un volum.

El ferro és més dens que el plàstic perquè en un mateix volum conté més massa.

@ Amplia a la Xarxa...

Observa què succeeix quan col·loquem líquids de diferents densitats en un recipient sense barrejar-los a: www.tiching.com/116017

5. **Resol els mots encreuats:**

1. És tot allò que té massa i ocupa un volum.
2. És l'espai que ocupa la matèria.
3. Indica quina quantitat de massa d'una substància ocupa un volum.
4. Indica la quantitat de matèria que compon un objecte.

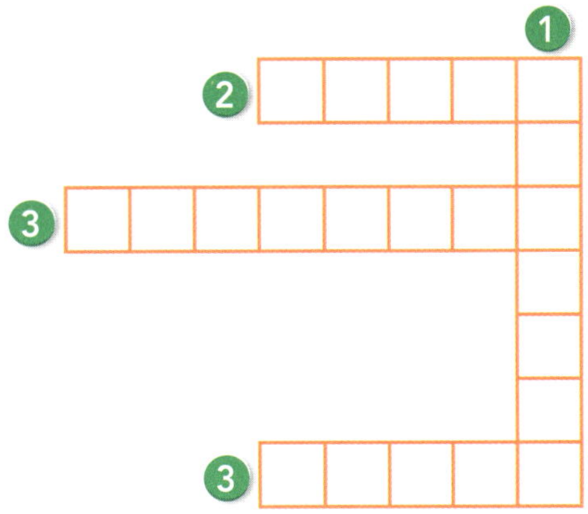

6. **Per què una esfera de fusta pesa menys que una esfera de ferro de la mateixa mida?**

7. **Quina és la densitat d'un líquid si un volum de 25 cm^3 té una massa de 34 g?**

8. **Quin volum ocupa un bloc de 230 kg d'una roca la densitat de la qual és de 4200 kg/m^3?**

9. **Què es necessita per canviar l'estat físic d'una substància? Descriu els canvis d'estat que observes en les imatges:**

10. **Què és la marca blanca que deixen els avions en el cel?**

2 Teoria cineticomolecular de la matèria

- La **teoria cineticomolecular** de la matèria explica el comportament dels diferents estats d'agregació de la matèria. Els postulats principals són:

1. La matèria està constituïda per partícules molt petites, pràcticament invisibles.

- La matèria és discontínua i està formada per partícules. Entre les partícules hi ha el buit, és a dir, no hi ha res.
- En els sòlids, les partícules estan molt juntes. En els líquids hi ha més separació i en els gasos encara n'hi ha més.

2. Les partícules exerceixen forces d'atracció entre si que les mantenen unides.

- En els sòlids, la força d'atracció és molt gran, en els líquids és moderada i en els gasos és molt petita.

3. Les partícules estan en moviment constant.

- Les partícules dels sòlids gairebé no es mouen.
- Les partícules dels gasos es mouen independentment.
- En els líquids es dóna una situació intermèdia.
- Com més elevada sigui la temperatura de la matèria, més gran serà la velocitat de les partícules.

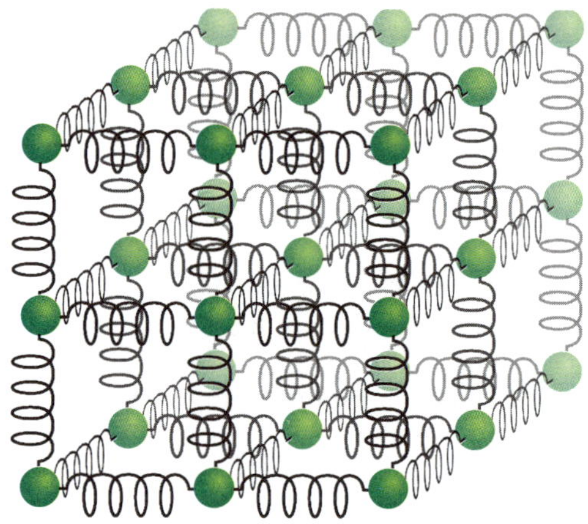

Model d'un sòlid: partícules unides per molles molt rígides.

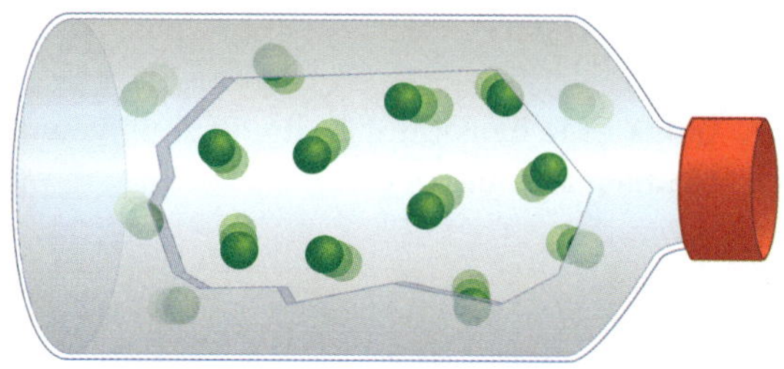

En els gasos, les partícules es mouen independentment les unes de les altres, perquè les forces d'atracció entre elles són molt febles.

@ Amplia a la Xarxa...

Revisa el model cineticomolecular a: www.tiching.com/731948

11. Llegeix i completa la taula, segons si es refereix a sòlids, líquids o gasos:

propietats	explicació	estat
Són rígids i mantenen la forma.	La força entre les partícules és tan forta que n'impedeix el desplaçament. L'únic moviment que tenen és el de vibració.	
El volum és constant, no es poden comprimir.	Gairebé no hi ha espai lliure entre les partícules, de manera que és gairebé impossible que es puguin ajuntar més.	
Són fluids i adopten la forma del recipient. Ocupen tot l'espai disponible.	La força entre les partícules és tan dèbil que cada una es mou de manera independent, molt ràpid i a l'atzar.	
El volum no és constant. Es poden comprimir fàcilment.	Hi ha molt d'espai buit entre les partícules, de manera que es poden ajuntar més i reduir el volum.	
Són fluids i adopten la forma del recipient que els conté.	La força entre les partícules és bastant feble, de manera que poden lliscar entre elles i adoptar la forma del recipient.	
El volum és pràcticament constant, gairebé no es poden comprimir.	Hi ha poc espai lliure entre les partícules. Es comprimeixen una mica perquè, com que llisquen una sobre les altres, es poden encaixar una mica.	

12. **Com s'explica el comportament de la matèria?**

....

....

....

....

13. **De què es compon la matèria?**

....

....

14. **Escriu quin estat representa cada imatge, tenint en compte que són models, segons la teoria cineticomolecular de la matèria:**

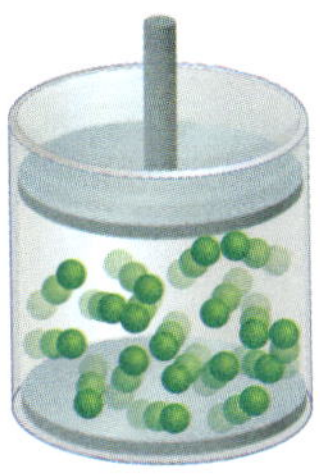

....

....

....

15. **Les partícules estan en moviment constant. Explica el moviment que es produeix en els diferents estats de la matèria:**

....

....

....

....

....

....

16. **Explica, segons els postulats de la teoria cineticomolecular de la matèria, per què la força necessària per comprimir un gas és molt més petita que la necessària per comprimir un líquid:**

....

....

....

3 Comportament dels gasos (I)

- Les partícules de qualsevol gas estan en continu moviment, xoquen unes contra les altres i contra les parets del recipient que les conté.
- La **pressió d'un gas** és la força que exerceixen les seves partícules per unitat de superfície.
  - En el SI, la pressió es mesura en pascals (Pa): 1 Pa = 1 N/m^2.
  - És molt habitual utilitzar l'atmosfera (atm): 101 300 Pa =1 atm.
  - Els efectes de la pressió es poden observar en qualsevol punt de la superfície terrestre i de l'atmosfera: es tracta de la **pressió atmosfèrica**. És deguda al pes de la columna d'aire que hi ha sobre del punt considerat i disminueix amb l'altura perquè cada vegada hi ha menys aire a sobre.
- Per a un gas tancat en un recipient a temperatura constant, si reduïm el volum, augmenta la pressió, i si augmenta el volum, es redueix la pressió.
- La relació entre la **pressió** i el **volum** d'un gas s'expressa de manera quantitativa per la **llei de Boyle i Mariotte**.
- Per a una quantitat fixa de gas a temperatura constant, el producte del volum que ocupa per la pressió a què es troba és constant.
- En passar d'un volum V_1 i una pressió P_1 a un volum V_2 i una pressió P_2, es compleix que:

$$P_1 \cdot V_1 = P_2 \cdot V_2$$

***P* (atm)**	1,00	1,25	1,67	2,50	5,00
***V* (cm^3)**	100	80	60	40	20

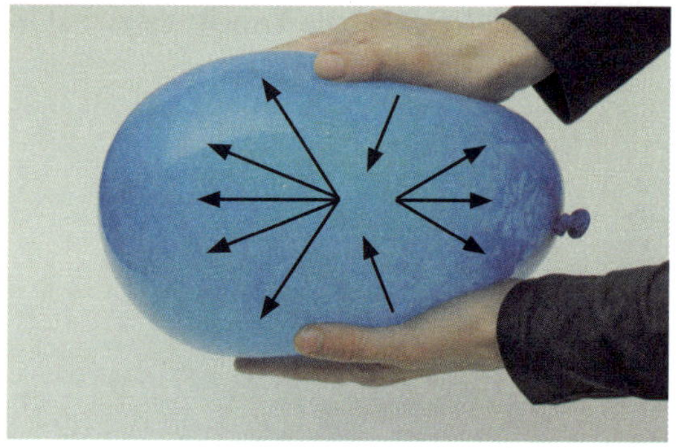

La pressió exercida per les partícules del gas tancat manté la forma arrodonida del globus. La pots experimentar en intentar deformar-lo.

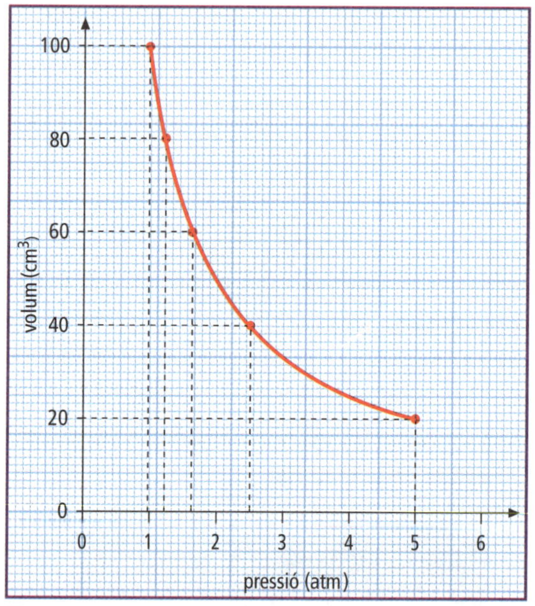

Si la temperatura d'un gas és constant, la pressió d'aquest gas és inversament proporcional al seu volum.

@ Amplia a la Xarxa...

Relaciona la pressió i el volum en els gasos a: www.tiching.com/731949

17. **Fixa't en les imatges i marca on hi ha més pressió atmosfèrica. Justifica la resposta:**

....

....

....

....

....

18. Fixa't en l'èmbol d'una xeringa i relaciona:

① Si augmenta el volum, es redueix la pressió.

② Si es redueix el volum, augmenta la pressió.

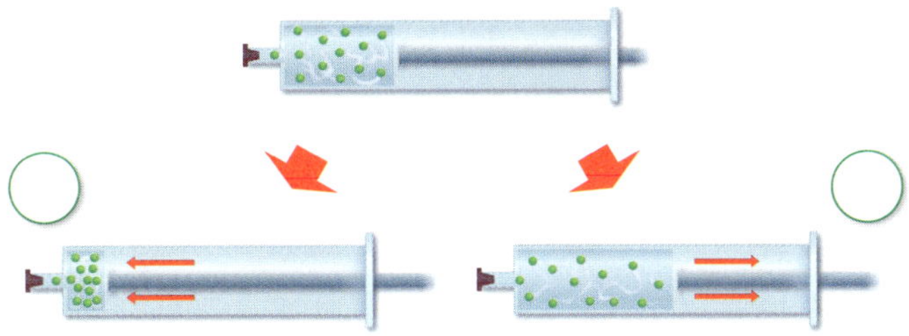

19. Quina relació hi ha entre la pressió i el volum d'un gas a temperatura constant?

20. Per què explota un globus inflat si el premem?

21. Un recipient amb una capacitat de 25 L conté un gas a una pressió de 7,5 atm. Calcula la nova pressió a què es veurà sotmès el gas si el comprimim fins a un volum de 10 L sense canviar la temperatura:

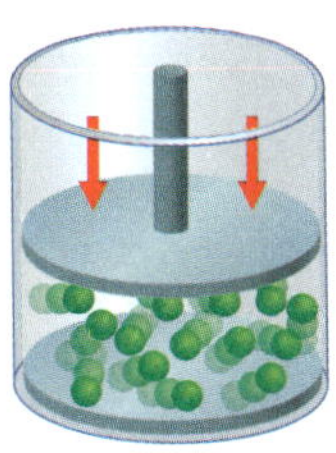

22. La pressió d'un pneumàtic és de 3,57 atm. Quina és la pressió expressada en pascals?

23. En comprimir un gas d'èmbol, la seva pressió passa de 2,3 atm a 8,5 atm. Si el volum final és de 2 L, quin era el volum inicial?

4 Comportament dels gasos (II)

Relació entre la temperatura i el volum

- Si augmenta la temperatura, les partícules del gas es mouen més ràpid, se separen i ocupen més espai: el gas es dilata.
- *A pressió constant, el volum d'un gas augmenta en augmentar la temperatura.*

Quan s'escalfa l'aire d'un globus aerostàtic, el gas s'expandeix.

Relació entre la temperatura i la pressió

- Quan augmenta la temperatura d'un gas, però el recipient que el conté és rígid (per exemple, una olla de pressió), el gas no pot augmentar el volum que ocupa i les partícules xoquen cada vegada a més velocitat i més sovint contra les parets del recipient, fet que provoca un augment de la pressió.
- *A volum constant, la pressió d'un gas augmenta en augmentar la temperatura.*

En les olles de pressió, com que el volum del recipient és constant, la pressió interna augmenta en augmentar la temperatura.

- **Lleis de Charles** i **Gay-Lussac**:
  - **Llei de Charles**. A **pressió** constant, el **volum** d'una quantitat fixa de gas és proporcional a la seva temperatura (a més temperatura, més volum):

$$\frac{V_1}{T_1} = \frac{V_2}{T_2} \quad (T \text{ en kèlvins})$$

  - **Llei de Gay-Lussac**. A **volum** constant, la **pressió** d'una quantitat fixa de gas és proporcional a la seva temperatura:

$$\frac{P_1}{T_1} = \frac{P_2}{T_2} \quad (T \text{ en kèlvins})$$

- Les diferents lleis dels gasos es poden combinar en una única expressió, anomenada **llei general dels gasos**:

$$\frac{P_1 \cdot V_1}{T_1} = \frac{P_2 \cdot V_2}{T_2} \quad (T \text{ en kèlvins})$$

@ Amplia a la Xarxa...

Experimenta la relació entre la temperatura i la pressió d'un gas a: www.tiching.com/116018

Exemple

Un globus conté 10 L d'un gas a pressió atmosfèrica i 0 °C. Si el globus pot duplicar el seu volum abans d'esclatar, arribarà a explotar si l'escalfem fins a 50 °C?

Suposem que la pressió es mantindrà constant, de manera que s'hi aplica la primera llei de Charles i Gay-Lussac.

Expressem la temperatura en kèlvins, substituïm els valors i aïllem:

$$T_1 = 0\,°C = 273\text{ K};\ T_2 = 50\,°C = 323\text{ K}$$

$$\frac{V_1}{T_1} = \frac{V_2}{T_2} \Rightarrow \frac{10\text{ L}}{273\text{ K}} = \frac{V_2}{323\text{ K}} \Rightarrow V_2 = 11{,}8\text{ L}$$

El volum augmenta sense que arribi a explotar el globus.

24. Relaciona cada llei amb la seva explicació i fórmula:

(1) Llei de Charles	◯ A volum constant, la pressió d'una quantitat fixa de gas és proporcional a la seva temperatura.	◯ $\frac{P_1}{T_1} = \frac{P_2}{T_2}$ (T en kèlvins)
(2) Llei de Gay-Lussac	◯ A pressió constant, el volum d'una quantitat fixa de gas és proporcional a la seva temperatura.	◯ $\frac{V_1}{T_1} = \frac{V_2}{T_2}$ (T en kèlvins)

25. Què passaria si s'escalfés molt una olla de pressió sense vàlvula de seguretat?

....

....

....

26. Per què una pilota de ping-pong deformada recupera la forma si s'introdueix en aigua calenta?

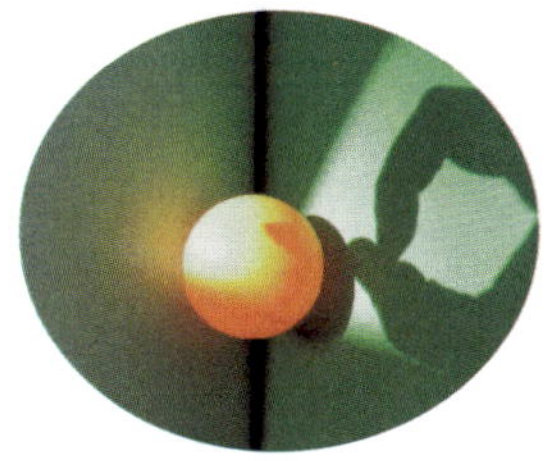

....

....

....

27. Un recipient de volum variable conté 12 L d'un gas a 43 °C. Quin volum assolirà si augmentem la temperatura fins als 185 °C i mantenim constant la pressió?

28. Un recipient conté gas a 5,25 atm i 25 °C. Si la pressió no ha de sobrepassar 9,75 atm, fins a quina temperatura es pot escalfar sense perill?

29. Quin volum ocupa una certa quantitat de gas que inicialment tenia un volum de 5 L a 1 atm i 25 °C, si la pressió augmenta a 2 atm i la temperatura a 50 °C?

5 Canvis d'estat

- Els canvis d'estat són **reversibles**, perquè es pot passar una substància de sòlid a líquid escalfant-la (o de líquid a gas), i després passar-la una altra vegada a sòlid (o de gas a líquid) refredant-la.
- Els canvis **sòlid** → **líquid** → **gas** s'afavoreixen **escalfant** i **disminuint** la pressió.
- Els canvis **gas** → **líquid** → **sòlid** s'afavoreixen **refredant** i **augmentant** la pressió.
  - Quan s'escalfa un sòlid, la vibració de les seves partícules augmenta fins que és tan forta que el sòlid es desfà i es converteix en un líquid (fusió) (a).
  - Si se segueix escalfant el líquid, les partícules es mouen cada vegada més ràpidament, fins que algunes assoleixen la velocitat suficient per abandonar-lo (evaporació).
  - En continuar escalfant-lo, arribarà un moment en què les partícules tindran la velocitat necessària i el líquid bullirà (ebullició) (b).
- Mentre es produeix un canvi d'estat, l'energia subministrada mitjançant calor s'utilitza per vèncer les forces d'atracció entre les partícules. Per tant, la temperatura no augmenta, sinó que es manté constant mentre quedi matèria per canviar d'estat.
- La temperatura a la qual es produeixen els canvis d'estat s'anomena **temperatura de canvi d'estat**.
  - Les **gràfiques de canvi d'estat** són representacions de la temperatura d'una substància enfront del temps d'escalfament (o refredament).
- Si el canvi d'estat té lloc per sobre del nivell del mar, la pressió atmosfèrica és més baixa.
- Si la pressió és més alta, les partícules tindran més dificultat per separar-se (fondre's o vaporitzar-se) i, en conseqüència la temperatura de canvi d'estat és més gran.

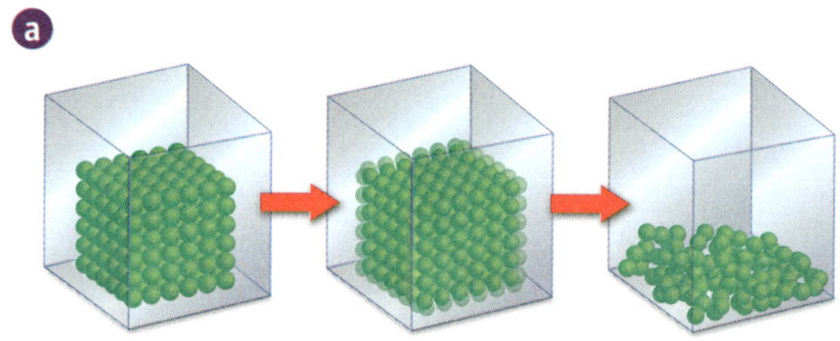

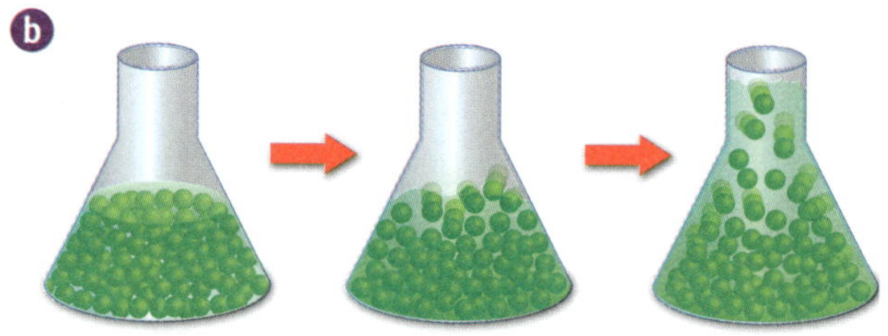

Fusió i ebullició segons la teoria cineticomolecular.

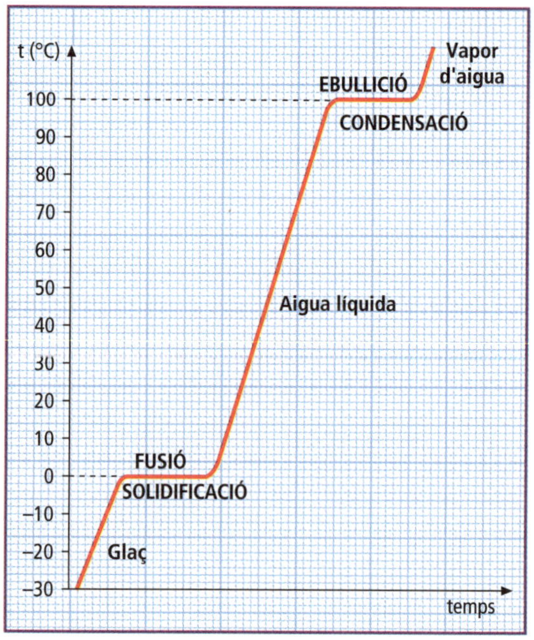

Gràfica del canvi d'estat de l'aigua.

@ Amplia a la Xarxa...

Observa el model cineticomolecular dels canvis d'estat a:
www.tiching.com/731951

30. Completa les frases:

gas • augmentar • sòlid • escalfar • refredar • disminuir

- Els canvis .... → **líquid** → **gas** s'afavoreixen en .... i .... la pressió.
- Els canvis .... → **líquid** → **sòlid** s'afavoreixen en .... i .... la pressió.

31. **Per què no varia la temperatura durant els canvis d'estat d'una substància pura?**

....

....

32. **Com i per què influeix la pressió atmosfèrica en la temperatura d'ebullició d'una substància?**

....

....

....

33. **On bull a més temperatura l'aigua? Senyala-ho i justifica la teva elecció:**

....

....

....

....

34. **Senyala amb una creu (X) l'opció correcta i justifica l'elecció:**

Els canvis d'estat són…

- ◯ invariables
- ◯ escassos
- ◯ inalterables
- ◯ reversibles
- ◯ irregulars
- ◯ cèlebres

....

....

35. **Fixa't en el gràfic que mostra la temperatura d'ebullició de l'aigua a diferents altituds i contesta:**

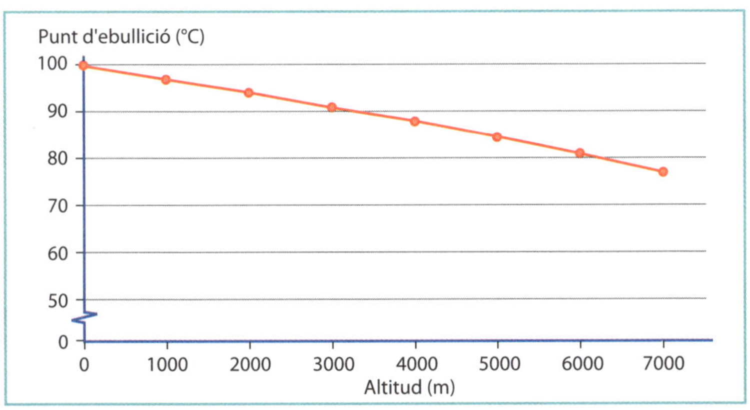

Moltes ciutats del món són en serralades o altiplans molt elevats sobre el nivell del mar i, en conseqüència, la temperatura d'ebullició de l'aigua no assoleix els 100 °C.

ciutat	altitud (m)	país
El Alto	4 150	Bolívia
La Paz	3 640	Bolívia
Cusco	3 400	Perú
Quito	2 800	Equador

– A quina temperatura bull l'aigua a les ciutats indicades a la taula de la dreta?

....

....

– Com es poden coure aliments (en aigua) a temperatures més elevades en aquestes ciutats?

....

....

36. Ordena els tres estats d'agregació de l'aigua de menys a més densitat:

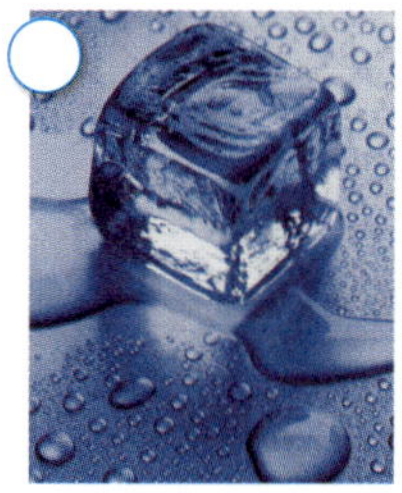

37. Tenim dues boles de la mateixa massa, una de ferro i una altra de fusta. Indica si són veritables (V) o falses (F) aquestes afirmacions:

- ◯ Les dues boles tenen el mateix volum.
- ◯ Tots dos materials tenen la mateixa densitat.
- ◯ La bola de ferro és més petita.
- ◯ La bola de fusta pesa més.
- ◯ La bola de ferro és més densa.

38. Quina és la densitat (en grams per centímetre cúbic i en quilograms per metre cúbic) d'una roca de 450 g de massa si té un volum de 110 cm^3?

39. Completa la taula:

substància	densitat (g/cm^3)	massa (g)	volum (cm^3)
plom	11,35	45	
zinc	7,13		27
mercuri		217	16
estany	7,31		42

40. Fes aquestes conversions d'unitats de pressió:

a) 1,25 atm a pascals. b) $1,6 \cdot 10^5$ Pa a atmosferes.

41. Per què als recipients dels aerosols s'adverteix que és perillós exposar-los a temperatures superiors a 50 °C?

....

....

42. S'escalfa un recipient tancat hermèticament, se'n mesura la pressió de l'interior i es registren els valors següents:

pressió (atm)	1,0	1,2	1,4	1,5	1,8	2,1
volum (mL)	89	74	64	59	45	42

a) Representa les dades de la taula anterior en una gràfica. Col·loca la pressió a l'eix d'ordenades i la temperatura al d'abscisses:

b) A quina temperatura s'assoliria una pressió d'1,50 atm?

....

c) Quina pressió hi havia quan la temperatura era de 50 °C?

....

RESPON A LA PREGUNTA INICIAL

Com s'explica el comportament de la matèria?

....

....

....

....

....

....

....

....

....

CONSOLIDA EL QUE HAS APRÈS

43. En un dels vasos de precipitats hi ha aigua i en l'altre hi ha alcohol. Sabent que la densitat de l'aigua és més gran que la de l'alcohol, indica justificadament quin líquid hi ha a cada vas:

....

....

....

44. Com influeix la pressió atmosfèrica en la temperatura de canvi d'estat? Explica-ho mitjançant la teoria cineticomolecular de la matèria:

....

....

....

45. Completa l'esquema sobre els canvis d'estat:

sòlid	→	....	→	líquid
sòlid	→	....	→	gas
líquid	→	....	→	sòlid
líquid	→	....	→	gas
gas	→	....	→	sòlid
gas	→	....	→	líquid

46. Completa els mots encreuats. A la columna senyalada apareixerà el nom d'un científic francès que va estudiar els gasos:

Definicions:

1. L'estat d'agregació menys dens de la matèria.
2. Pas de líquid a gas sense arribar a la temperatura d'ebullició.
3. Científic irlandès que va estudiar els gasos.
4. S'obté per condensació d'un gas.
5. Pas de sòlid a gas o viceversa.
6. Estat d'agregació que es caracteritza perquè manté la seva forma.
7. Força per unitat de superfície que exerceixen les partícules d'un gas.
8. Pas de líquid a gas.
9. Fan falta 101 300 d'aquestes unitats per fer 1 atmosfera.

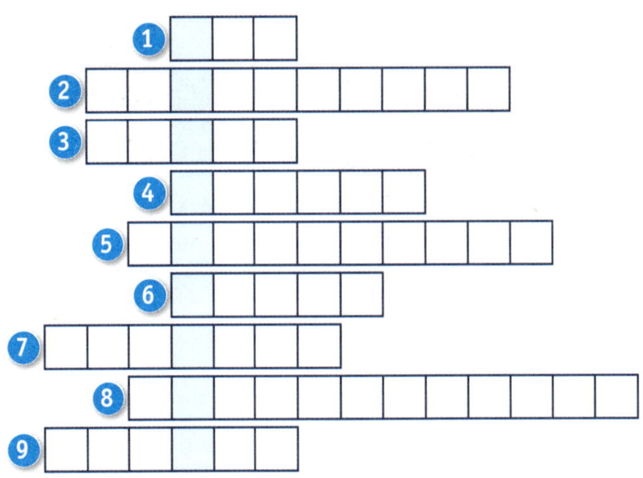

3 LES SUBSTÀNCIES PURES I LES MESCLES

Com és la matèria que ens envolta?

La Pinta del vent, Eduardo Chillida. L'acer és una mescla artificial dels components de la natura.

Els diferents tipus de matèria, anomenats substàncies, es caracteritzen per les seves propietats. De vegades, es reconeixen a ull nu, i d'altres, cal recórrer a anàlisis físiques i químiques complexes per diferenciar-les.

A la natura, el més comú és trobar les substàncies mesclades, com ara l'aigua de mar.

Per aïllar les substàncies que componen les mescles, recorrem a tècniques de separació que aprofiten alguna propietat característica d'aquestes substàncies.

S. VIII

Ğabir ibn Hayyan (721-815), alquimista persa anomenat Geber a occident, descriu als seus escrits alguns processos de separació de mescles, entre els quals la destil·lació i la cristal·lització.

• S.VIII

1750-1799

El químic suec Carl W. Scheele (1742-1786) descobreix que l'aire és una mescla de gasos formada principalment per oxigen i nitrogen.

• 1772-1773

• 1774

El químic britànic Joseph Priestley (1732-1804) descobreix l'oxigen, independentement de Scheele.

1800-1899

Friedrich F. Runge (1795-1867), químic alemany, fa els primers passos en la tècnica de la cromatografia amb paper. Aconsegueix separar mescles de colorants derivats de l'anilina.

• 1850

Què sabem?

1. Esmenta dues substàncies diferents però que tinguin un aspecte molt semblant a ull nu:

1 .... 2 ....

2. Quines substàncies conté l'aigua de mar?

....

....

3. Com es pot separar la sal que conté l'aigua de mar?

....

....

4. Saps què és una salina?

....

....

....

5. Dibuixa el que indica cada un:

Substància pura	Mescla
(formada per un sol component)	(formada per la unió de dues o més substàncies)

6. Fixa't en la línia del temps i explica la importància del descobriment de Carl W. Scheele:

....

....

1900-1999

• 1906

El botànic rus Mikhail Tswett (1872-1919) desenvolupa la tècnica de la cromatografia a columna i aconsegueix separar pigments vegetals utilitzant una columna de vidre plena de pols d'òxid d'alumini.

• 1956

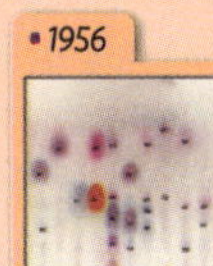

Egon Stahl (1924-1986), un farmacèutic alemany, perfecciona la tècnica de la cromatografia de capa fina, i converteix així aquest procediment en la tècnica analítica ràpida, econòmica i precisa que és actualment.

1 Les substàncies pures i les mescles

- Una **substància** és qualsevol tipus de matèria que es pot distingir de les altres perquè té algunes característiques pròpies.
  - Una **substància pura** és cada un dels tipus de matèria que té una composició definida i unes propietats característiques i invariables.
  - Una **mescla** està formada per dues o més substàncies, anomenades components de la mescla, de manera que la composició no està definida i les propietats depenen de la classe i de la proporció dels seus components.
  - Les mescles heterogènies les partícules de les quals només es poden veure mitjançant ultramicroscopis s'anomenen **dispersions col·loïdals**.
  - En aquestes mescles, les petites partícules s'anomenen **fase dispersa**, que estan disseminades a l'interior d'una altra substància, anomenada **medi dispersor**.

@ Amplia a la Xarxa...

Classifica la matèria en substàncies pures i mescles a: www.tiching.com/731953

Tipus de mescles

- **Mescla heterogènia**: les partícules de les diferents substàncies que la componen es poden observar a ull nu o amb instruments òptics de pocs augments. El granit n'és un exemple.

El granit està format per quars (transparent), feldspat (blanc) i mica (negra).

- **Mescla homogènia**: les partícules que la componen són tan petites que no es poden observar amb cap mitjà òptic. Moltes d'aquestes mescles són solucions aquoses, com ara el mar, una mescla homogènia d'aigua i sals.

L'acer és una mescla homogènia de ferro i carboni que pot contenir altres components. La mescla s'efectua mentre els components estan fosos.

7. Quines diferències hi ha entre una substància pura i una mescla?

....

....

....

....

8. **És una substància *pura* la llet pura de vaca? I l'aigua pura d'una font?**

....

....

....

9. **Identifica els components i classifica les imatges seguint el codi:**

● mescla homogènia ● mescla heterogènia

10. **Completa el text amb les paraules següents:**

medi dispersor • dispersions col·loïdals • partícules • fase dispersa
ultramicroscopis • disseminades • mescles homogènies

Les .... les .... de les quals només es poden veure mitjançant ...., s'anomenen .... En elles, les petites partícules s'anomenen ...., que estan .... a l'interior d'una altra substància anomenada ....

11. **L'aire és una mescla d'oxigen i nitrogen, entre altres gasos. Quina classe de mescla és l'aire?**

....

....

12. **Si afegim sucre en un recipient amb aigua i en remenem el contingut, quin tipus de mescla obtenim? I si en comptes de sucre hi afegim sorra?**

....

....

13. **Investiga quin tipus de dispersió col·loïdal és la maionesa i quins són el medi dispersor i la fase dispersa:**

....

....

2 Identificació de substàncies pures

- Les propietats comunes a qualsevol tipus de matèria s'anomenen **propietats generals**. Són propietats generals la massa, el volum o la temperatura, en les quals és difícil distingir una substància d'una altra.
- Les **propietats característiques** o **específiques** sí que permeten diferenciar una substància d'una altra. Es tracta de propietats com ara la densitat, el punt de fusió, el punt d'ebullició, la conductivitat tèrmica, el color, etc.
  - La **densitat** és la massa de substància que ocupa un determinat volum. Es pot distingir l'aigua de l'etanol mesurant-ne la densitat, perquè la de l'aigua és d'1 g/cm^3 i la de l'etanol és aproximadament de 0,8 g/cm^3.
  - La temperatura del **punt de fusió (t_f)** és aquella a la qual una substància sòlida es fon quan la pressió externa és d'1 atm. Per exemple, el punt de fusió del glaç és de 0 °C, i el de l'etanol és de −114 °C.
  - La temperatura del **punt d'ebullició (t_e)** és aquella a la qual una substància líquida bull quan la pressió externa és d'1 atm. El punt d'ebullició de l'aigua és de 100 °C, i el de l'etanol és de 78,4 °C.
- Quan una **substància pura** passa de sòlid a líquid o de líquid a gas, la **temperatura es manté** constant durant tot el canvi d'estat.
- Si una **substància no és pura**, sinó que està mesclada amb d'altres, la **temperatura no es manté** constant sinó que varia a poc a poc.

Dos gots plens, un d'aigua i l'altre d'alcohol (etanol) tenen un aspecte molt semblant. No es poden distingir a ull nu.

substància	t_f (°C)	t_e (°C)	densitat (g/cm^3)
aigua	0	100	1,00
etanol	−114	78,4	0,79
sofre	113	444,8	2,07
brom	−7,1	58,9	3,12
zinc	419,7	907	7,13
estany	232	2 270	7,31
mercuri	−38,7	356,7	13,55
plom	327,6	1 740	11,35

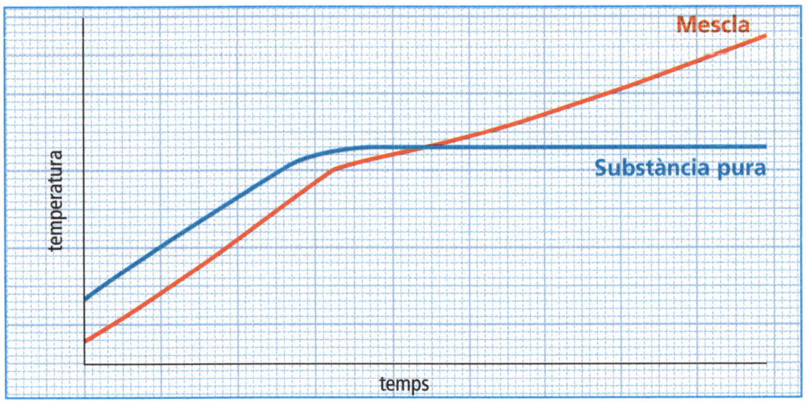

Variació de la temperatura durant el canvi d'estat d'una substància pura i d'una mescla.

14. Escriu deu propietats de la matèria i classifica-les segons si són generals o específiques:

....

....

....

....

15. Com es comporta la temperatura durant el canvi d'estat d'una substància pura?

....

16. En un laboratori es vol comprovar la puresa d'algunes substàncies. Indica quins assajos es podrien fer més fàcilment, segons el tipus de substància:

substància	densitat	temperatura de fusió	temperatura d'ebullició
ferro	....	....	....
cera	....	....	....
marbre	....	....	....
fang	....	....	....

17. Marca amb una creu (X) les propietats a través de les quals es pot identificar una substància:

◯ color ◯ textura ◯ sabor ◯ mida ◯ pes ◯ temperatura

18. Bullirà a la mateixa temperatura l'aigua de mar que l'aigua d'un riu? Justifica la resposta:

....

....

19. Per tal de comprovar la temperatura de fusió d'una substància, s'utilitzen els instruments següents. Completa el dibuix amb les paraules adequades:

- llibreta de laboratori
- termòmetre
- tub d'assaig
- vareta de vidre
- vas de precipitats
- trespeus
- bec de Bunsen

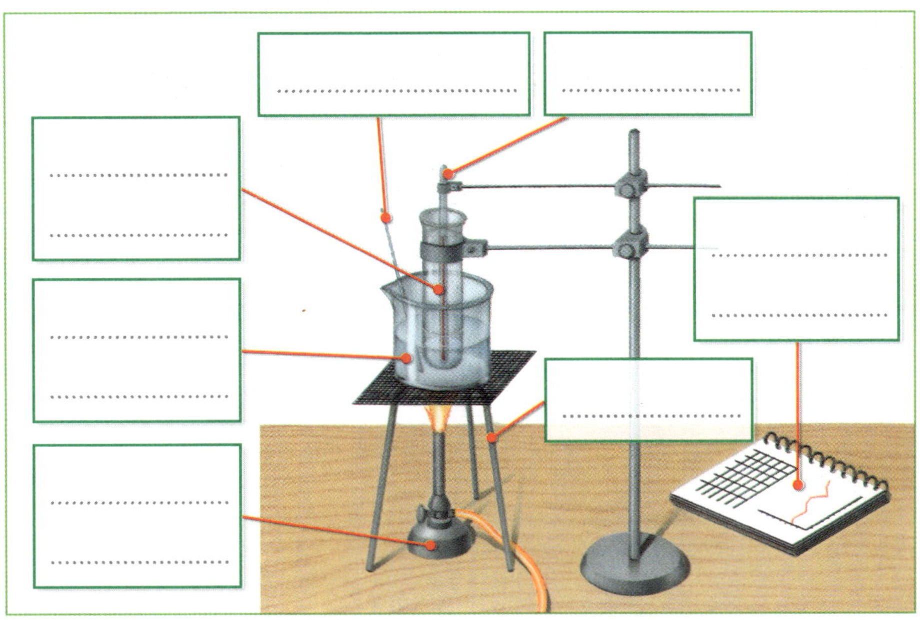

3 Solucions i solubilitat

- Una **solució** és una mescla homogènia de dues o més substàncies.
  - La substància que es troba en més proporció s'anomena **dissolvent** i el component (o components) minoritari s'anomena **solut**.
  - L'**aigua** és el **dissolvent més comú**, però no és l'únic. Si es prepara una solució amb 1 mL d'aigua i 1 L d'etanol, l'etanol és el dissolvent (hi apareix en més proporció) i l'aigua és el solut.
  - Les solucions es poden classificar en funció dels **estats d'agregació inicials** (sòlid, líquid o gas) del **dissolvent** i del **solut**. No obstant això, la solució sempre presenta l'estat d'agregació del dissolvent.
- La **solubilitat** d'un solut en un dissolvent és la quantitat màxima de solut que es pot dissoldre en una quantitat determinada de dissolvent a una certa temperatura.
  - Quan la solució no admet més solut, es diu que està **saturada**.
  - Una substància que tingui una solubilitat molt petita en un dissolvent determinat es diu que és **insoluble** o, si es tracta de líquids, **immiscible**.
  - La solubilitat depèn del solut i del dissolvent, i pot variar molt amb la temperatura. En general, com més alta és la temperatura, més alta és la solubilitat.
  - La **corba de solubilitat** d'una substància és la representació de la seva solubilitat, normalment expressada en grams de solut dissolts en 100 g de dissolvent, en funció de la temperatura.
  - A una temperatura determinada, qualsevol quantitat de solut que es correspongui amb una solubilitat per sobre de la corba de solubilitat es quedarà sense dissoldre's.

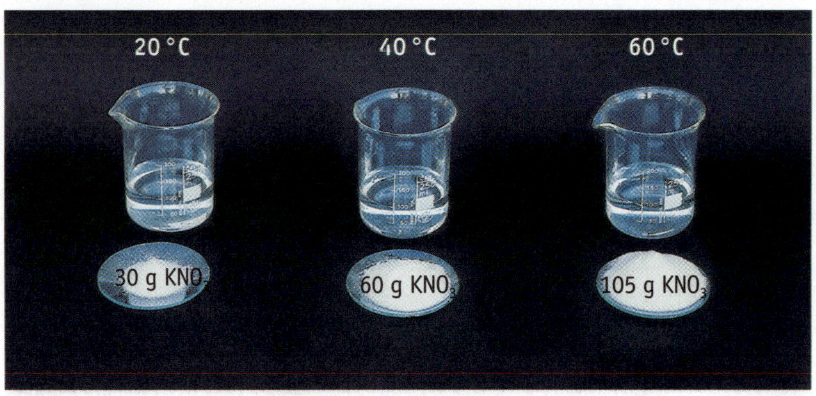

La solubilitat pot variar molt amb la temperatura. Aquest fet es pot comprovar dissolent nitrat de potassi (KNO_3) en aigua a temperatures diferents fins a la saturació.

Tipus de solucions		
dissolvent	**solut**	**exemple**
sòlid	sòlid	aliatge de coure i estany (bronze)
	líquid	amalgama de mercuri en or
	gas	hidrogen absorbit en platí
líquid	sòlid	sucre en aigua
	líquid	etanol en aigua
	gas	oxigen en aigua
gas	sòlid	iode sublimat en aire
	líquid	humitat en aire
	gas	aire sec

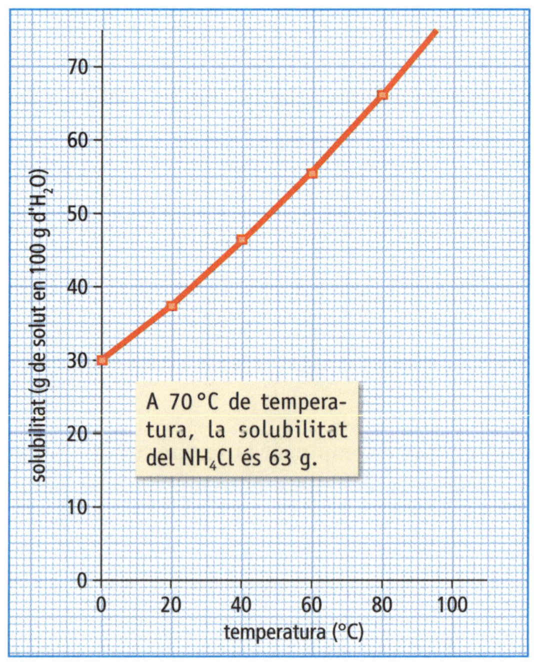

Corba de solubilitat del NH_4Cl en aigua.

@ Amplia a la Xarxa...

Aconsegueix més informació sobre solucions a:
www.tiching.com/731960

20. **Quin tipus de mescla és una solució? Marca amb una creu (X) l'opció correcta:**

- ◯ Una mescla heterogènia de dues substàncies.
- ◯ Una mescla homogènia de dues o més substàncies.
- ◯ Un compost col·loïdal d'un dissolvent i un solut.
- ◯ Un conjunt de substàncies insolubles.

21. **Què és la solubilitat?**

....

....

....

22. **Com afecta la temperatura a la solubilitat?**

....

....

....

23. **El llautó està fet de dos metalls, coure i zinc. Quin tipus de solució és el llautó?**

....

....

....

24. **Què passarà si s'intenta dissoldre més solut en una solució saturada?**

....

....

....

....

25. **La figura representa la solubilitat de tres compostos. Fixa-t'hi i indica el següent:**

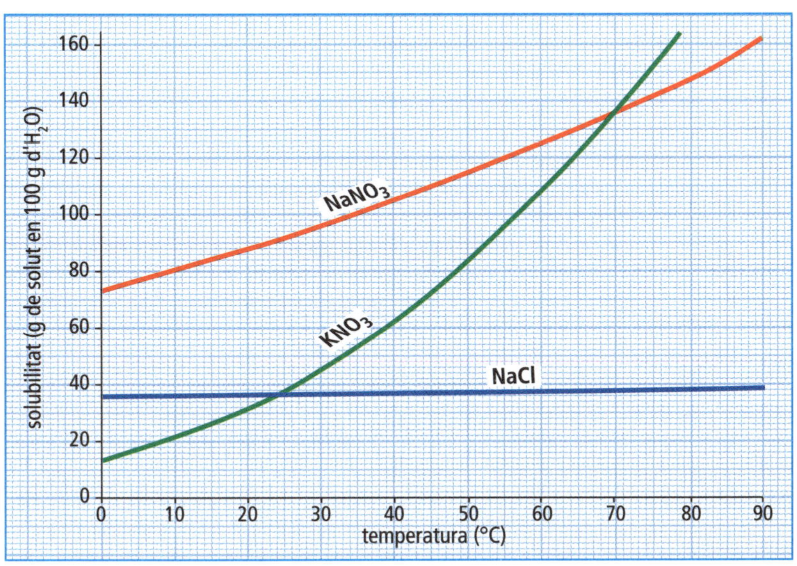

– La solubilitat a 50 °C de KNO_3.

....

– La solubilitat a 50 °C de NaCl.

....

– La solubilitat de KNO_3 a 20 °C.

....

– La solubilitat de NaCl a 20 °C.

....

4 Concentració d'una solució

- La **concentració** d'una solució és la quantitat de solut dissolt en una certa quantitat de dissolvent o solució. S'expressa de tres maneres diferents:

  – **Massa de solut per volum de solució (g/L):**

  $$\text{Concentració en volum (g/L)} = \frac{\text{grams de solut}}{\text{litres de solució}}$$

  Si la proporció dels soluts és petita, s'expressa en mg/L.

  – **Percentatge en massa (% en massa):**

  $$\text{\% en massa} = \frac{\text{grams de solut}}{\text{grams de solut + grams de dissolvent}} \cdot 100$$

  – **Percentatge en volum (% en volum):**

  $$\text{\% en volum} = \frac{\text{litres de solut}}{\text{litres de solució}} \cdot 100$$

  S'acostuma a utilitzar per a components líquids o gasos.

@ **Amplia a la Xarxa...**

Practica la preparació de solucions a: www.tiching.com/731961

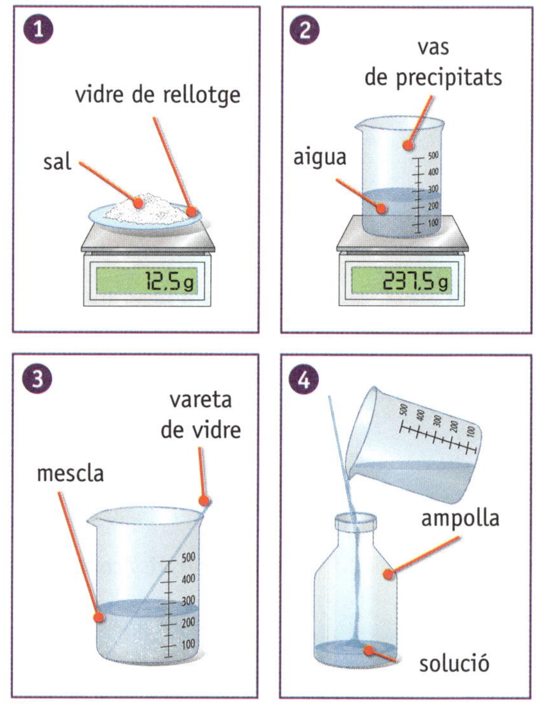

Passos en la preparació d'una solució.

Exemples

1. **Determina la concentració en volum d'una solució preparada dissolent 8 g de sal (clorur de sodi) en aigua fins a obtenir 500 mL (0,5 L) de solució.**

$$\text{Concentració en volum} = \frac{\text{8 g de sal}}{\text{0,5 L de solució}} = 16 \text{ g/L}$$

2. **Al laboratori es prepara una solució dissolent 25 g de sucre en 375 g d'aigua. Quina és la concentració de sucre en la solució, expressada en percentatge en massa?**

$$\text{\% en massa} = \frac{\text{25 g de sucre}}{\text{25 g de sucre + 375 g d'aigua}} \cdot 100 = 6{,}25\,\%$$

3. **Calcula, a partir de les dades de composició de l'aire sec, els litres d'argó i de diòxid de carboni que hi ha en 50 L d'aire sec (no hi ha vapor d'aigua).**

Per calcular el volum d'argó, simplement es multiplica el volum d'aire pel percentatge d'argó que conté:

$$\text{Volum d'argó} = 50 \text{ L aire} \cdot \frac{\text{0,94 L argó}}{\text{100 L aire}} = 0{,}47 \text{ L argó}$$

I el volum de diòxid de carboni:

$$\text{Volum de } CO_2 = 50 \text{ L aire} \cdot \frac{0{,}033 \text{ L } CO_2}{\text{100 L aire}} = 0{,}0165 \text{ L } CO_2$$

El matràs aforat permet dissoldre una substància en un volum de solució determinat.

substància	% en volum
nitrogen (N_2)	78,03
oxigen (O_2)	20,99
argó (Ar)	0,94
diòxid de carboni (CO_2)	0,033
altres gasos	0,007

Composició de l'aire sec.

26. **Què representa la concentració d'una solució? En quines unitats s'expressa?**

....

....

27. **Per preparar 250 g de solució de sal comuna amb una concentració en massa del 5 %, es calcula la massa de sal necessària:**

$$m_{sal} = 0{,}25 \text{ g } \cancel{\text{de solució}} \cdot \frac{5 \text{ g de sal}}{100 \text{ g } \cancel{\text{de solució}}} = 12{,}55 \text{ g de sal}$$

I es calcula la massa d'aigua necessària:

$$m_{aigua} = m_{solució} - m_{sal} = 250 \text{ g solució} - 12{,}5 \text{ g de sal} = 237{,}5 \text{ g aigua}$$

– Quina massa de sucre necessitaries dissoldre per preparar 200 g d'una solució aquosa de sucre de concentració en massa del 8 %?

– Quina massa d'aigua seria necessària?

28. **Es prepara una solució dissolent 25 g de sucre en 500 g d'aigua. Quina és la seva concentració expressada en percentatge en massa?**

29. **Una ampolla conté 750 g d'una solució ensucrada amb un 60 % de sucre. Quina massa de sucre conté l'ampolla?**

30. **La concentració d'una solució de clorur de potassi és de 25 g/L. Quina massa de clorur de potassi hi ha en 400 mL de solució?**

5 Tècniques de separació de mescles

- Una **tècnica de separació** és un procediment per separar els components d'una mescla.
- **Decantació**. Tècnica que permet separar un sòlid mesclat heterogèniament amb un líquid en el qual és insoluble o dos líquids immiscibles de densitats diferents.
  - **Decantació d'un sòlid**. El sòlid es diposita al fons del recipient, és a dir, sedimenta. S'inclina el recipient i se separa el **sobrenedant**, que s'aboca en un altre recipient.
  - **Decantació d'un líquid**. Per separar **líquids immiscibles**, com ara aigua i oli, s'introdueix la mescla en un recipient anomenat **embut de decantació** i es deixa reposar fins que els líquids se separin en dues capes. S'obre la clau perquè surti només el líquid inferior i, després, s'agafa un altre recipient i es recull el segon líquid.
- **Filtració**. Tècnica que permet separar un sòlid en suspensió d'un líquid. Es fa travessar la mescla per un filtre permeable i porós que deixa passar el líquid, però no el sòlid.
- Tècniques per separar un sòlid dissolt en un líquid:
  - **Vaporització**. La solució s'escalfa en una càpsula de porcellana fins a la vaporització total del líquid.
  - **Cristal·lització**. La solució es deixa en un cristal·litzador perquè el líquid s'evapori a temperatura ambient.
- Tècniques que aprofiten alguna propietat del sòlid per separar-lo d'altres sòlids:
  - **Extracció amb dissolvent**. Si només un dels components és soluble en un dissolvent determinat. Es dissol aquest component soluble i la resta es manté en estat sòlid.
  - **Sublimació**. Si un dels components de la mescla passa de sòlid a gas quan s'escalfa.
  - **Magnetisme**. Si un metall o un aliatge tenen propietats magnètiques.
- **Destil·lació**. Tècnica que permet separar i recuperar els components líquids d'una solució. Es basa en el fet d'aprofitar les diferents temperatures d'ebullició dels components. En escalfar una mescla, s'evapora abans la substància amb menys punt d'ebullició, la qual cosa permet separar-la dels altres components.
- **Cromatografia**. Quan un dissolvent arrossega una mescla de substàncies a través d'un suport, aquestes substàncies es mouen a velocitats diferents perquè estan sotmeses a forces d'atracció oposades, a causa del dissolvent i el suport.

Decantació d'un sòlid

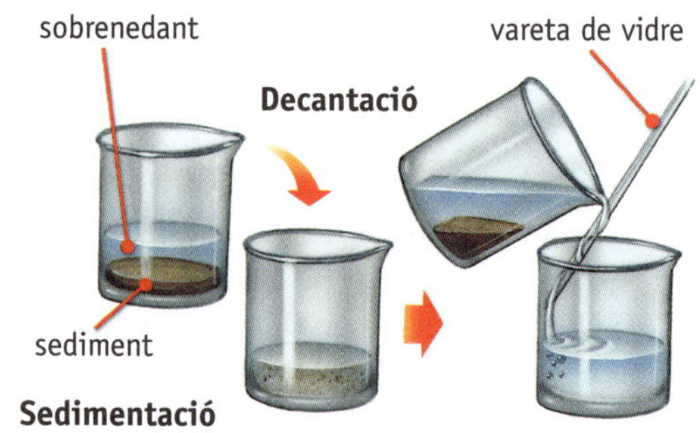

Decantació d'un líquid

Filtració

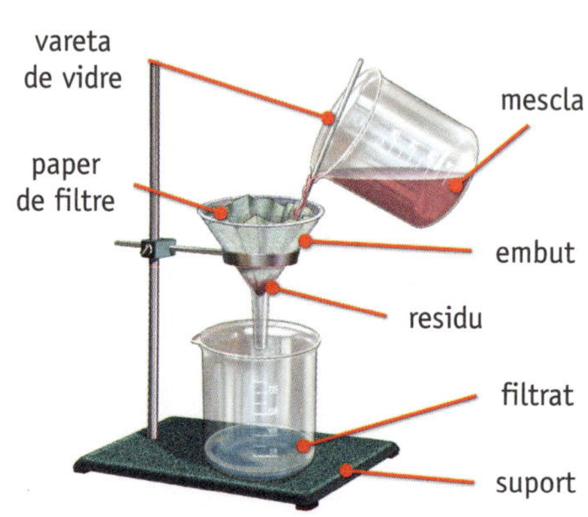

@ Amplia a la Xarxa...

Mira un vídeo de separació de substàncies a: www.tiching.com/731957

31. **En què es basen les tècniques de separació?**

....

32. **Quins procediments se t'acuden per separar les mescles següents?**

– iode, guix i llimadures de ferro: ....

– oli, aigua i sal: ....

– sorra, aigua i sal: ....

– etanol, aigua i sucre: ....

33. **Indica quines de les mescles següents es poden separar mitjançant decantació:**

◯ aigua i oli ◯ vinagre i oli ◯ aigua i alcohol ◯ vinagre i aigua

34. **Troba a la sopa de lletres 8 tècniques de separació de mescles:**

Y	B	U	R	D	C	H	O	R	J	E	N	T	I
X	I	W	D	E	G	F	U	A	N	M	I	S	R
A	Z	O	I	C	A	R	T	L	I	F	E	Q	M
C	R	O	M	A	T	O	G	R	A	F	I	A	A
K	O	A	L	N	V	B	E	S	Z	R	M	B	G
X	R	I	S	T	A	R	I	P	J	B	I	U	N
A	Q	U	R	A	U	W	O	H	E	L	T	A	E
I	B	O	I	C	A	M	I	L	B	U	S	C	T
D	E	S	T	I	L	L	A	C	I	O	J	K	I
G	V	A	P	O	R	I	T	Z	A	C	I	O	S
U	M	X	I	X	S	A	R	F	E	S	R	T	M
E	N	T	N	E	V	L	O	S	S	I	D	P	E

35. **Completa l'esquema sobre com separaries una mescla de sal, iode, ferro i sorra:**

SAL + IODE + FERRO + SORRA → .... → ....

SAL + IODE + SORRA → .... → ....

SAL + SORRA

Es tracta amb aigua i es dissol la sal.

SOLUCIÓ DE SAL + SORRA → .... → ....

SOLUCIÓ DE SAL → .... → ....

Separació completa

36. S'escalfa una mostra d'una substància i se'n registra la temperatura cada cert temps:

temps (min)	0	1	2	3	4	5	6
temperatura (°C)	20	34	52	69	86	86	86

a) Representa els valors en una gràfica. Situa el temps en l'eix d'abscisses i la temperatura en el d'ordenades:

b) Digues si la mostra és una substància pura o una mescla i explica per què:

....

....

....

37. En un experiment es mesura la solubilitat d'una sal en funció de la temperatura i s'obtenen les dades següents:

temperatura (°C)	0	10	20	30	40	50
solubilitat (g/100 g aigua)	12,2	17,9	27,8	40,1	59,3	80,2

a) Representa la corba de solubilitat d'aquesta sal.

b) Determina'n la solubilitat a 25 °C.

38. Per determinar la solubilitat del nitrat de potassi (KNO_3) a 20 °C, es van agafar 500 g d'una solució saturada i es van evaporar fins a la sequedat. La massa de nitrat de potassi obtinguda va ser de 115 g. Quina és la solubilitat del nitrat de potassi a 20 °C?

39. Es prepara una solució dissolent 50 g de clorur de sodi (NaCl) en aigua fins a completar 400 mL de solució. Determina la concentració del clorur de sodi, expressada en grams per litre:

40. Es prepara una solució dissolent 30 g de nitrat de potassi (KNO_3) en 400 g d'aigua. Calcula la concentració de nitrat de potassi, expressada en percentatge en massa:

41. Indica si són veritables (V) o falses (F) aquestes frases sobre una solució aquosa de concentració 200 g/L. Raona la resposta:

- ◯ Un litre de solució té una massa de 200 g.
- ◯ En 1 mL de solució hi ha 200 mg de solut.
- ◯ En 1 litre de solució hi ha 1 L d'aigua.

....

....

....

RESPON A LA PREGUNTA INICIAL

Com és la matèria que ens envolta?

....

....

....

....

....

....

....

....

....

....

CONSOLIDA EL QUE HAS APRÈS

42. Indica la veracitat o la falsedat d'aquestes afirmacions:

◯ Les solucions són sempre líquids.

◯ No es pot dissoldre un gas en aigua.

◯ Una solució és aquosa si el dissolvent és aigua.

◯ Totes les solucions contenen aigua.

43. Completa la frase amb alguns d'aquests termes: *substància pura, solució, components, fases, majoritària, minoritària, solut, dissolvent i saturació.*

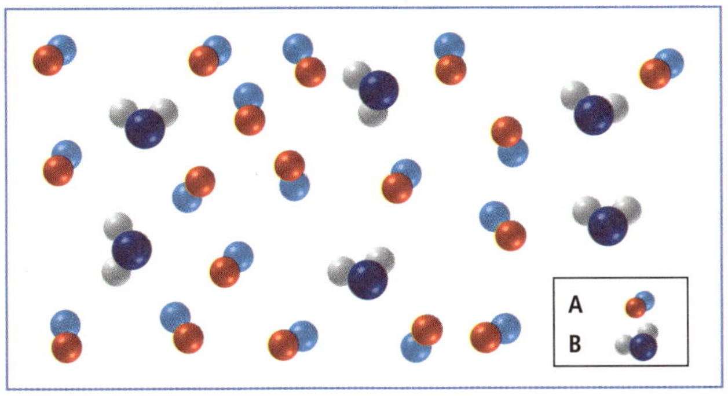

La figura representa una .... de dues .... La substància A és .... i, per tant, es pot considerar el ...., i la substància B, el ....

44. Què significa que una solució està saturada?

....

....

45. Què és la solubilitat d'una substància? En quines unitats s'acostuma a mesurar la solubilitat?

....

....

46. Què representa la corba de solubilitat d'una substància?

....

....

47. Completa:

a) La concentració és la quantitat de .... dissolt en certa quantitat de .... o de ....

b) La concentració la podem expressar com a massa de solut per .... de solució, percentatge en .... o percentatge en ....

48. La concentració d'una solució aquosa de sucre és del 10% en massa. Indica la veracitat o la falsedat d'aquestes afirmacions:

◯ Per cada 10 g d'aigua hi ha 100 g de sucre.

◯ Per cada 90 g d'aigua hi ha 10 g de sucre.

◯ Per cada 100 g d'aigua hi ha 10 g de sucre

◯ En 100 g de solució hi ha 10 g de sucre.

49. Relaciona aquestes mescles amb la tècnica que utilitzaries per separar-ne els components:

Mescles	Tècniques
llimadures de ferro i sorra •	• sublimació
aigua i oli •	• magnetisme
aigua i alcohol •	• destil·lació
iode i sorra •	• decantació
aigua i sal •	• cristal·lització

4 TEORIA ATÒMICA

Quins són els maons de l'Univers?

Detector ATLAS del laboratori europeu CERN.

Des de fa molt de temps, la humanitat es pregunta com és l'interior de la matèria. Per això, els científics n'observen les propietats i, a partir d'aquestes propietats, imaginen com és l'interior.

Actualment tenim una imatge de l'interior de la matèria bastant completa, fonamentada en la teoria atòmica de la matèria.

1800-1899

• 1808

Model atòmic de Dalton.
El científic anglès J. Dalton (1766-1844) proposa el primer model atòmic de la matèria basat en proves experimentals.

1896 •

Descobriment de la radioactivitat.
El físic francès H. Becquerel (1852-1908) descobreix la radioactivitat en estudiar compostos d'urani.

• 1904

Model atòmic de Thomson.
El físic anglès J. J. Thomson (1856-1940) el proposa després de detectar els electrons.

• 1911

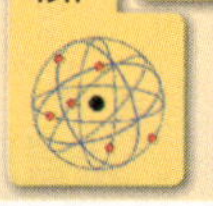

Model atòmic nuclear de Rutherford.
El físic neozelandès E. Rutherford (1871-1937) el proposa després de determinar l'existència del nucli atòmic (1908).

• 1913

Model atòmic de Bohr.
El físic danès N. Bohr (1885-1962) proposa que els electrons giren en òrbites determinades.

• 1932

Descobriment del neutró.
El físic anglès J. Chadwick (1891-1974) descobreix una nova partícula subatòmica, el neutró, a l'interior del nucli atòmic.

Què sabem?

1. **Tot i que no ets un científic, segurament tens teories pròpies sobre l'interior de la matèria. Explica què penses sobre l'afirmació següent:**

> Un tros de paper d'alumini es pot fragmentar en trossos tan petits com es vulgui; l'única limitació és que, si els trossos són molt petits, ja no els podrem veure.

....

....

....

....

....

2. **Ordena, de més petita a més gran, la matèria següent:**

◯ organisme ◯ molècula ◯ cèl·lula ◯ teixit ◯ àtom

3. **Dibuixa un àtom que tingui 4 protons, 4 neutrons i 4 electrons:**

4. **Fixa't en la línia del temps inferior i explica què proposa el model atòmic de Bohr:**

....

....

....

1900-1999

1945 •

Bombes de fissió nuclear. Els EUA dissenyen i fabriquen les primeres bombes atòmiques de fissió nuclear i en comproven el poder destructiu a Hiroshima i Nagasaki.

1952 •

Bomba de fusió nuclear. Els EUA fan explotar la primera bomba de fusió nuclear, unes 500 vegades més potent que la bomba d'Hiroshima, en un atol del Pacífic.

• 1954 Central nuclear. Es posa en funcionament a Obninsk (Rússia) la primera central de fissió nuclear.

1986 •

Accident de Txernòbil. A la central nuclear de Txernòbil (Ucraïna) es produeix l'accident nuclear més greu de la història.

1 Teoria atòmica

- Segle V a.C.: els **filòsofs grecs** creien que tot estava format per la combinació d'unes substàncies simples (l'**aigua**, l'**aire**, el **foc** i la **terra**) que no es podien descompondre en d'altres.
- Segle V a.C.: **Leucip** i **Demòcrit** postulen la primera hipòtesi atòmica: la matèria està formada per **àtoms**, que són les partícules més petites en què es pot fragmentar la matèria.
- El 1808: **John Dalton** estableix els postulats següents:
  - La matèria està formada per partícules extremadament petites, indivisibles i indestructibles, anomenades àtoms.
  - Cada element químic té tots els àtoms idèntics, però diferents dels d'altres elements químics.
  - Cada compost químic està format per la unió d'àtoms de diferents elements, del mateix tipus i en igual proporció.
- Després, els científics es van proposar determinar el nombre d'elements químics:
  - **Element químic**. Substància que no es pot descompondre en d'altres de més senzilles, formada per un únic tipus d'àtoms.
  - **Compost**. Substància que es pot descompondre en d'altres de més senzilles, formada per àtoms de més d'un element.
  - Al final del segle XIX ja es coneixien més de vuitanta elements.
- El 1800, fent circular corrent elèctric a través de l'aigua, es va observar que es desprenien uns gasos que després es van identificar com a **oxigen** i **hidrogen**. Havia nascut una tècnica poderosa, l'**electròlisi**, que servia per descompondre una substància pura en els seus elements. Gràcies a aquesta tècnica, es van descobrir nous elements.
  - Per exemple, en l'electròlisi d'una solució de dibromur de coure es forma brom (Br_2) al voltant de l'ànode i un dipòsit de coure en el càtode.

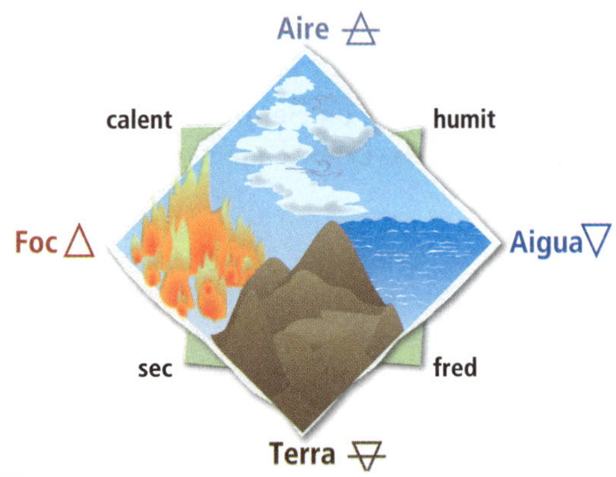

Els quatre elements de l'antiguitat.

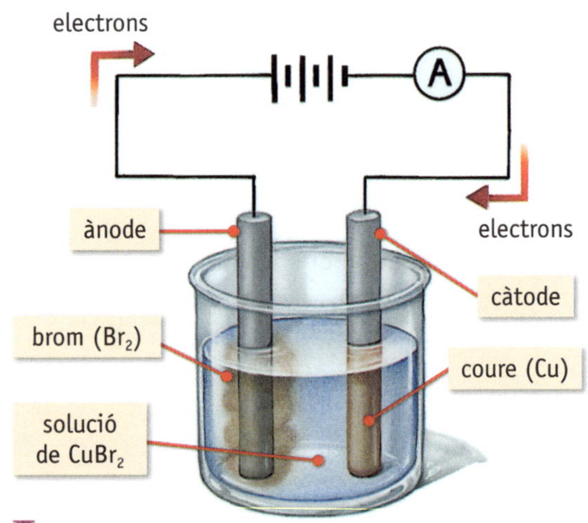

Electròlisi de $CuBr_2$ (aq).

5. Descriu les teories següents sobre la matèria:

Els quatre elements de l'antiguitat ....

....

Hipòtesi atòmica de Leucip i Demòcrit ....

....

Teoria atòmica de Dalton ....

....

6. **Relaciona:**

element químic •

compost •

• Substància que es pot descompondre en d'altres de més senzilles. •

• Substància que no es pot descompondre en d'altres de més senzilles. •

• 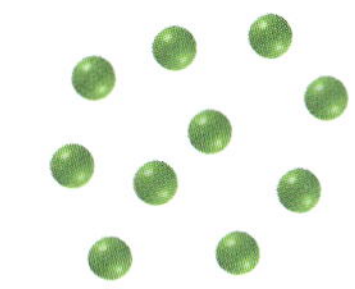

• 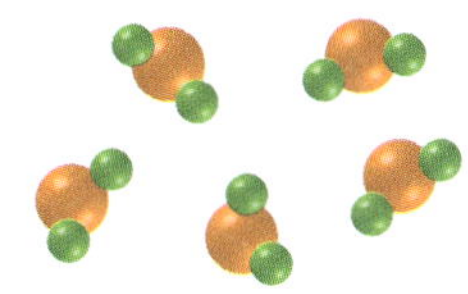

7. **En què consisteix l'electròlisi?**

....

....

....

8. **Dalton dibuixava els compostos amb els àtoms dels elements disposats simètricament, tal com es veu en l'exemple de l'aigua a la taula. Representa la resta de compostos de la taula fent servir la simbologia de Dalton:**

nom	composició	representació
aigua	un àtom d'oxigen i dos d'hidrogen	
amoníac	un àtom de nitrogen i tres d'hidrogen	
diòxid de carboni	un àtom de carboni i dos àtoms d'oxigen	
òxid de dinitrogen	un àtom d'oxigen i dos de nitrogen	
triòxid de sofre	un àtom de sofre i tres àtoms d'oxigen	
metà	un àtom de carboni i quatre d'hidrogen	

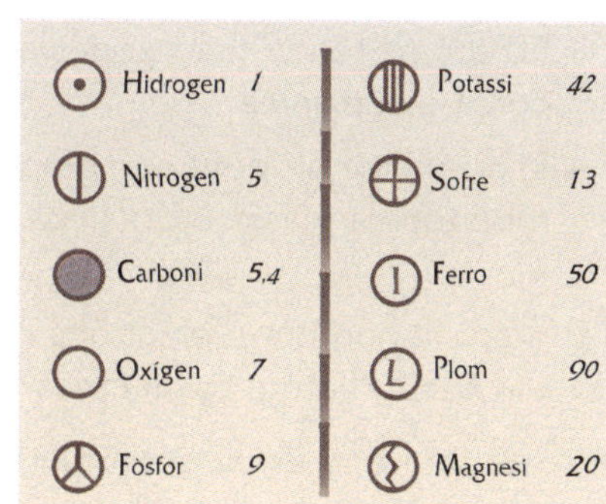

9. **En fer passar corrent elèctric per una cubeta plena de sal comuna fosa, s'observa el despreniment d'un gas verdós en l'ànode i un dipòsit metàl·lic en el càtode. Dedueix si la sal comuna és un element o un compost. Justifica la resposta:**

....

....

....

....

....

2 Models atòmics

- Segons el model atòmic de Dalton, els àtoms eren indivisibles i sense estructura interna.
- El 1897, el físic britànic J. J. Thomson (1856-1940) va descobrir una partícula subatòmica, l'**electró**, que presentava la propietat de tenir càrrega elèctrica.
- Tot i que s'ignorava la naturalesa de la càrrega elèctrica, ja se sabia que:
  - Hi ha càrregues elèctriques de dos tipus: **positives** (+) i **negatives** (–).
  - Les càrregues elèctriques de diferent tipus s'atreuen i les del mateix tipus es repel·leixen.
  - Les càrregues elèctriques poden passar d'un objecte a un altre.
  - A menys distància, més força d'atracció o de repulsió entre càrregues.
- **Thomson** va descobrir que els electrons són partícules molt petites amb càrrega elèctrica negativa, i el 1904 va proposar un model atòmic:
  - *Els àtoms estan formats per electrons, amb càrrega elèctrica negativa, distribuïts per una esfera de matèria de càrrega positiva, de manera que, globalment, l'àtom és elèctricament neutre.*
  - Es va estimar el diàmetre d'un àtom en 10^{-10} m.
- El 1908, el físic **E. Rutherford** (1872-1937) va elaborar un altre model atòmic. Va concloure que gairebé tota la matèria estava acumulada en un petit volum, el nucli, i la resta de l'àtom estava pràcticament buit.
  - Els àtoms tenen dues zones diferenciades: el **nucli atòmic** i l'**escorça electrònica**.
  - El nucli és molt petit en comparació amb l'àtom, però conté gairebé tota la massa i tota la càrrega positiva.
  - Els electrons giren al voltant del nucli en un espai molt més gran. El nombre d'electrons és tal que iguala la càrrega positiva del nucli, i l'àtom és elèctricament neutre.
- Posteriorment, es va descobrir que els àtoms contenien dues partícules subatòmiques més, a més dels electrons: els **protons** i els **neutrons**.
  - Els protons tenen la mateixa càrrega elèctrica que els electrons, però positiva, i una massa molt més gran.
  - Els neutrons no tenen càrrega elèctrica, i la seva massa és gairebé idèntica a la del protó.
  - Els protons i els neutrons estan junts al nucli.

Model de Dalton

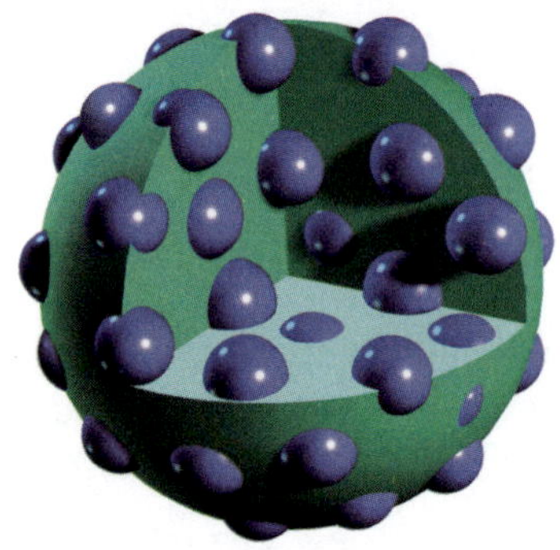

Model de Thomson

Model de Rutherford

L'evolució dels models atòmics és deguda als nous descobriments científics.

@ Amplia a la Xarxa...

Amplia el que saps dels models atòmics a: www.tiching.com/731965

10. Quines característiques tenen les càrregues elèctriques?

....

....

11. **Descriu el model atòmic de Thomson:**

....

....

12. **Quins són els aspectes principals del model atòmic de Rutherford? Llegeix les paraules de Rutherford a propòsit de l'experiment que va evidenciar l'existència del nucli atòmic i explica-les:**

> És gairebé tan increïble com si es disparés una bala contra un full de paper i rebotés.

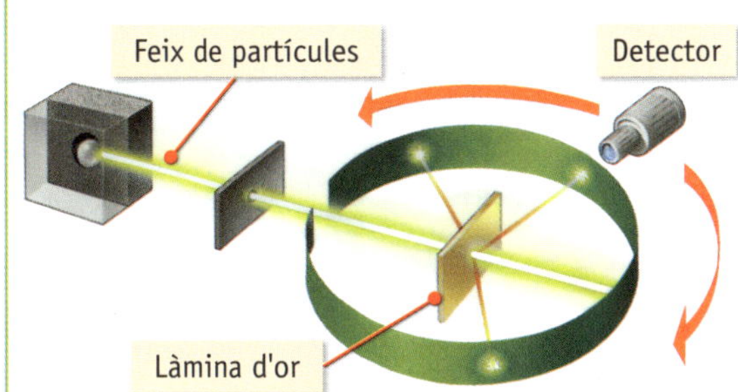

....

....

....

....

....

13. **Fixa't en la taula i ordena de menys a més massa:**

partícula	massa	càrrega elèctrica	situació de la partícula
protó	$1{,}672 \cdot 10^{-27}$ kg	$+1{,}602 \cdot 10^{-19}$ C	nucli
neutró	$1{,}674 \cdot 10^{-27}$ kg	0	nucli
electró	$9{,}109 \cdot 10^{-31}$ kg	$-1{,}602 \cdot 10^{-19}$ C	escorça

◯ àtom
◯ electró
◯ protó
◯ neutró

14. **Dibuixa un àtom de carboni que tingui 6 protons, 6 neutrons i 6 electrons, segons el model atòmic de Rutherford:**

3 Característiques dels àtoms

- Els **àtoms** estan formats per **protons**, **neutrons** i **electrons**.
  - El **nombre atòmic**, ***Z***, és el nombre de protons que té un àtom (tots al nucli). Un element químic es caracteritza perquè tots els seus àtoms tenen, al nucli, el mateix nombre de protons.

    Per exemple, l'hidrogen té 1 protó i l'heli en té 2.

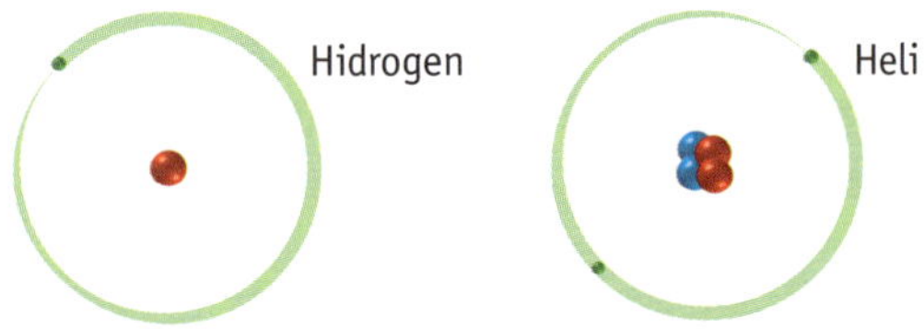

Àtoms dels elements hidrogen i heli.

  - El **nombre màssic**, ***A***, és el nombre total de partícules que hi ha al nucli d'un àtom, és a dir, la suma de protons i neutrons. La diferència entre el nombre màssic i el nombre atòmic és el nombre de neutrons (***N***):

$$N = A - Z$$

- Els **isòtops** són aquells àtoms que tenen el mateix nombre atòmic, però nombre màssic diferent:
  - Per identificar els isòtops d'un mateix element, s'utilitza una **notació simbòlica**.
  - La majoria dels elements químics estan formats per més d'un isòtop. El percentatge de cada un dels isòtops que hi ha a la natura és l'**abundància isotòpica natural** de l'element.
- La massa dels àtoms és molt petita, i per això s'utilitza una unitat de massa també molt petita. Per conveni, s'ha establert la unitat de massa atòmica, **u**:

  massa d'1 àtom de carboni-12 = 12 u ⇒ 1 u = $1{,}660 \cdot 10^{-27}$ kg
- La **massa atòmica relativa** d'un element, ***Ar***, és la mitjana ponderada de les masses dels seus isòtops naturals.

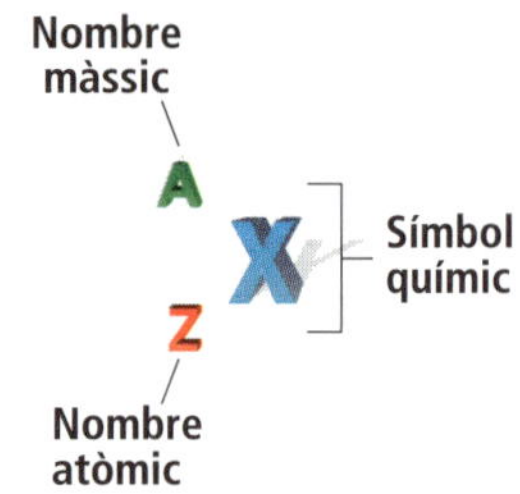

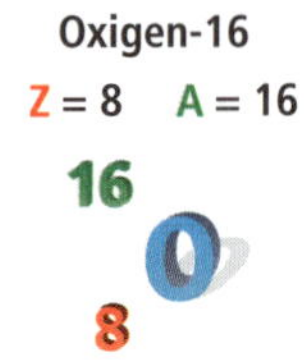

Per simbolitzar un isòtop, s'indica el símbol de l'element químic, el nombre màssic i el nombre atòmic. Així, l'oxigen-16 (Z = 8, A = 16) es representa com a $^{16}_{8}O$.

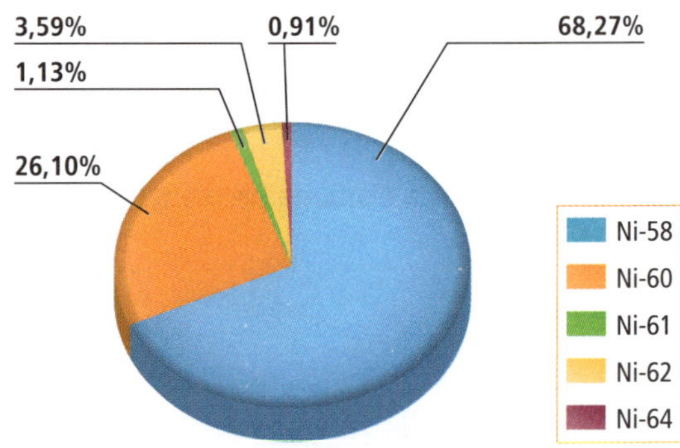

Abundància isotòpica natural del níquel.

@ Amplia a la Xarxa...

Consolida els teus coneixements sobre els àtoms a: www.tiching.com/731966

15. Escriu si és veritable (V) o fals (V):

- ◯ El nombre atòmic és el nombre de protons que té un àtom.
- ◯ Els àtoms estan formats per protons, electrons i isòtops.
- ◯ El nombre màssic és la massa total que hi ha al nucli d'un àtom.
- ◯ Els isòtops són àtoms que tenen el mateix nombre atòmic però diferent nombre màssic.
- ◯ La massa atòmica relativa d'un element és la mitjana de la massa dels neutrons.

16. **Amb quina unitat s'expressa la massa d'un àtom? Marca amb una creu (X) la resposta correcta:**

◯ mol ◯ ampere ◯ u ◯ pascal ◯ kelvin ◯ kg

17. **El nombre atòmic d'un element químic és 82. Quants protons tenen tots els seus àtoms?**

....

....

18. **El níquel natural (Z = 28) està format per cinc isòtops de nombres màssics: 58, 60, 61, 62 i 64. Escriu la notació simbòlica de cada un:**

19. **Fixa't en l'exemple del magnesi i calcula la massa atòmica relativa de l'element crom:**

isòtop	massa atòmica	abundància (% en àtoms)
magnesi-24	23,99	78,99
magnesi-25	24,99	10,00
magnesi-26	25,98	11,01

$$Ar\,(\text{Mg}) = \frac{23{,}99 \cdot 78{,}99 + 24{,}99 \cdot 10{,}00 + 25{,}98 \cdot 11{,}01}{100} = 24{,}31$$

isòtop	massa atòmica	abundància (% en àtoms)
crom-50	49,95	4,35
crom-52	51,94	83,79
crom-53	52,94	9,50
crom-54	53,94	2,36

20. **Per què a la taula periòdica s'indica el nombre atòmic i la massa de cada element químic, però no el seu nombre màssic?**

....

....

....

....

4 Radioactivitat

- Alguns isòtops, anomenats **radioisòtops**, mostren **radioactivitat** perquè els seus nuclis són inestables i s'acaben desintegrant.
- Hi ha **tres tipus principals** de radiacions diferents:
  - **Radiació alfa** (α). Són nuclis d'heli formats per dos protons i dos neutrons.
  - **Radiació beta** (β). Són electrons emesos a gran velocitat.
  - **Radiació gamma** (γ). És una radiació semblant a la llum o als raigs X, però d'una energia molt més gran.
- La radiació, especialment la gamma, és nociva per a la salut.
- Els **radioisòtops** tenen **nuclis inestables**, però no es desintegren tots alhora.
- El **període de semidesintegració** és el temps que tarden a desintegrar-se la meitat dels nuclis inicials del radioisòtop.

Exemple

El període de semidesintegració del radi-228 és de 5,77 anys. Calcula el temps que tarda a desintegrar-se 1 kg de radi-228 fins que només en quedin 125 g.

La fracció de Ra-228 que queda sense desintegrar es calcula simplificant la massa final entre la inicial:

$$\frac{125\text{ g radi-228}}{1\,000\text{ g radi-228}} = \frac{1}{8}$$

Com que en cada període de semidesintegració la quantitat es redueix a la meitat, perquè es redueixi a una vuitena part ha de transcórrer tres vegades el període de semidesintegració:

$$\frac{1}{2} \cdot \frac{1}{2} \cdot \frac{1}{2} = \frac{1}{8}$$

Per tant, hauran transcorregut 3 · 5,77 anys = 17,31 anys.

Aplicacions dels isòtops

- Els **radioisòtops** tenen moltes **aplicacions pràctiques** en diferents camps de la ciència i de la tècnica:
  - **Aplicacions en medicina**. En exploracions diagnòstiques i en el tractament del càncer.
  - **Datació per carboni-14** en restes arqueològiques d'éssers vius. Actualment, es poden datar antiguitats de fins a 100 000 anys a partir d'una petita mostra de 5 mg a 10 mg de material orgànic.

Determinar la proporció de carboni-14 en restes orgàniques permet fixar-ne l'antiguitat.

@ Per ampliar a la Xarxa...

Aprèn més coses sobre la datació amb C-14 a: www.tiching.com/731967

21. **Llegeix les afirmacions següents i determina quin tipus de radiació representa cada fletxa:**

- La radiació beta necessita una placa de plom d'1 mm de gruix per aturar-se.
- La radiació alfa és detinguda fàcilment per un full de paper de 0,1 mm de gruix.
- La radiació gamma es pot detenir amb plaques d'acer de 5 cm a 15 cm de gruix.

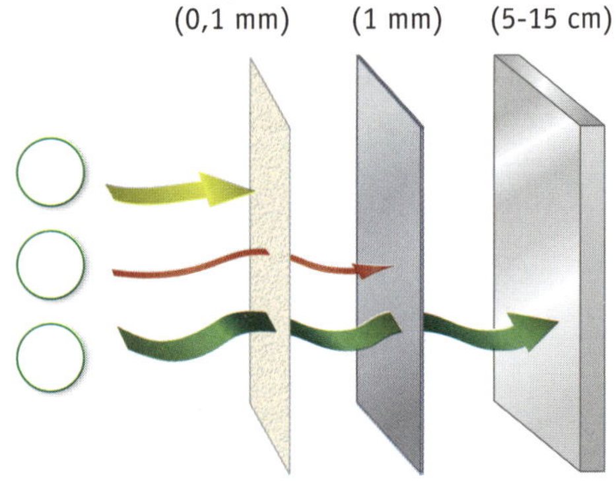

22. **Quina és la característica més rellevant dels radioisòtops?**

23. **Relaciona:**

β	radiació alfa	Radiació semblant a la llum o els raigs X.
α	radiació gamma	Electrons emesos a gran velocitat.
γ	radiació beta	Nuclis d'heli formats per dos protons i dos neutrons.

24. **Quina proporció de nuclis d'un radioisòtop es desintegra en un període de semidesintegració?**

◯ 710 ◯ $\frac{2}{3}$ ◯ 0,05 ◯ la meitat

25. **El tecneci-99 és un radioisòtop que s'utilitza habitualment en l'exploració diagnòstica perquè té un període de semidesintegració de només sis hores. Contesta:**

– Per què penses que interessa que el període de semidesintegració sigui tan breu?

– Si en una exploració s'utilitzen 2 mg de tecneci-99, quant en quedarà per desintegrar al cap d'un dia?

26. **Digues una aplicació dels radioisòtops:**

27. **Investiga i escriu els elements químics radioactius descoberts per Pierre i Marie Curie:**

5 Fissió i fusió nuclears

- La **fissió nuclear** és la ruptura dels nuclis en bombardejar àtoms d'urani amb neutrons.
- En el procés s'alliberen més neutrons, que, al seu torn, fragmenten més nuclis d'urani, i el procés es repeteix a mode de **reacció en cadena**.
  - La quantitat d'energia que es desprèn en el procés de fissió és enorme però, per poder-la aprofitar, la reacció en cadena ha d'estar controlada. Això es porta a terme a les **centrals nuclears**, on la calor que es produeix en la reacció de fissió de l'urani s'utilitza per passar aigua líquida a l'estat de vapor.
  - Presenta **riscos**: les reaccions nuclears es poden descontrolar accidentalment i generen molts residus radioactius.
- La **fusió nuclear** es produeix quan nuclis petits s'uneixen per formar nuclis de massa més gran. En aquest procés es desprèn una gran quantitat d'energia.

Avantatges i inconvenients de la fusió nuclear

- L'avantatge principal de la fusió nuclear és que es tracta d'un procés que desprèn una **gran quantitat d'energia**. És el procés més energètic que es coneix.
- Un altre avantatge és que el **combustible** utilitzat és hidrogen, element abundant en mars i oceans i és un procés **més net que la fissió nuclear** perquè no genera tants residus radioactius.
- L'inconvenient principal és que les temperatures assolides necessiten **instal·lacions** especialitzades que encara estan en **fase experimental**.

Residus radioactius

- Els processos de fissió nuclear que es porten a terme a les centrals nuclears són una font de radiació, però representa menys de l'1 % del total que en rebem.
- El 10 % de la radiació que rebem és còsmica, prové de partícules que es desplacen a velocitats pròximes a la de la llum.

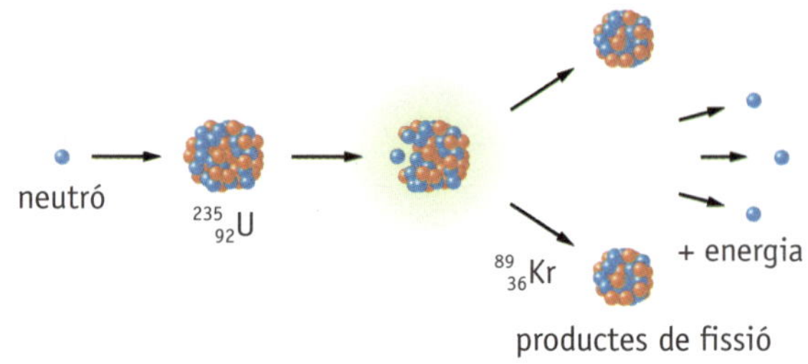

Reacció en cadena: un neutró fragmenta en dos un àtom d'urani i allibera tres neutrons que poden fragmentar altres àtoms d'urani, i així successivament.

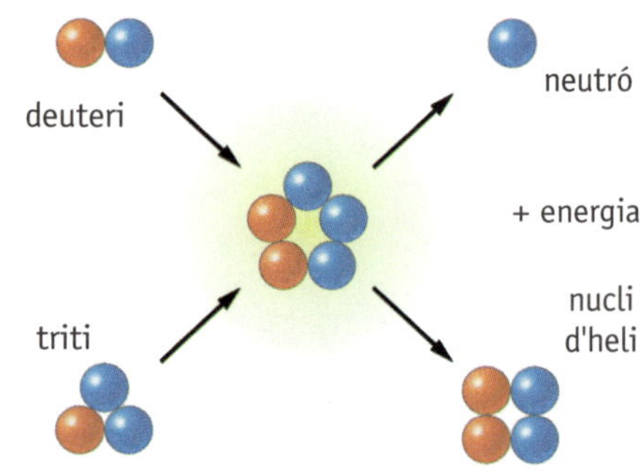

Procés de fusió nuclear (un nucli de triti i un nucli de deuteri donen un nucli d'heli, He-4, i un neutró).

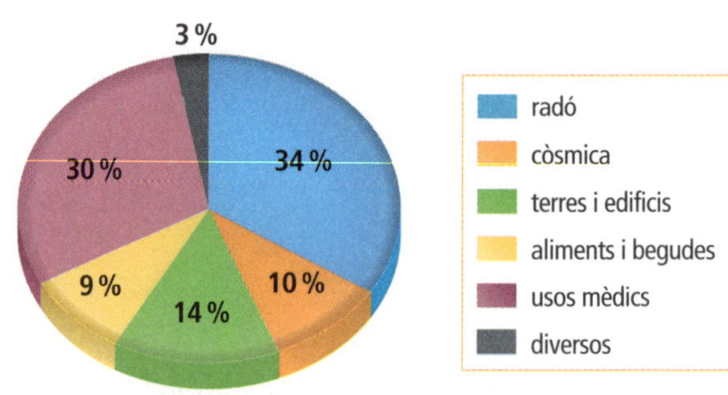

Origen de la radiació.

@ Amplia a la Xarxa...

Mira una infografia sobre energia nuclear a:
www.tiching.com/731969

28. **Descriu les diferències entre la fissió nuclear i la fusió nuclear:**

....

....

....

29. **Quins són els riscos de la generació d'energia mitjançant fissió nuclear?**

....

....

....

....

....

....

30. **Numera el dibuix que representa com funciona una central nuclear:**

1. El reactor nuclear i el generador de vapor se situen dins d'un dispositiu de contenció.
2. El vapor d'aigua d'un segon circuit, escalfat pel que s'ha produït en el generador de vapor, mou les turbines i aquestes el generador que produeix corrent elèctric.
3. El vapor d'aigua es condensa abans de tornar-lo al circuit.
4. L'electricitat produïda es transforma per transportar-la.

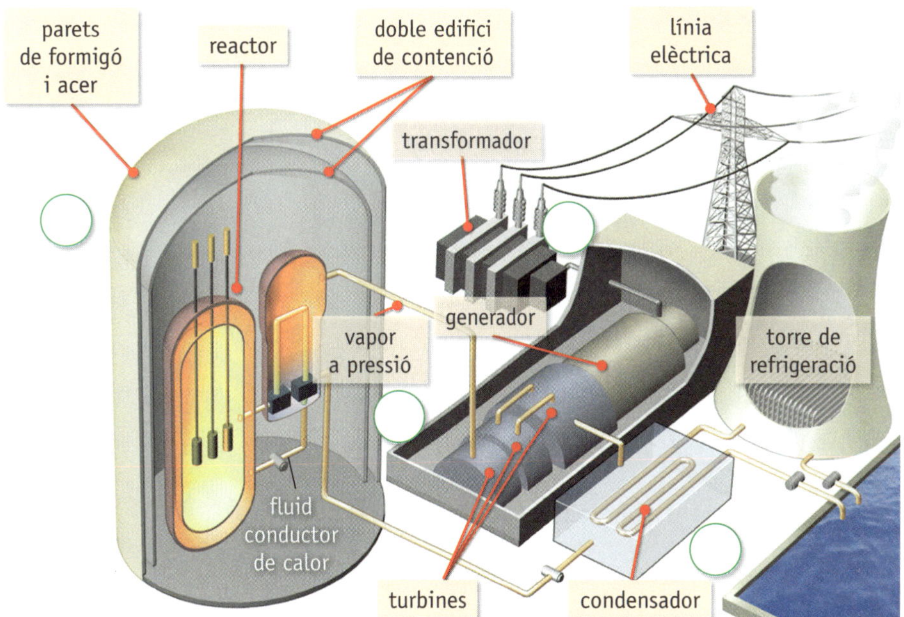

31. **Representa en un gràfic de barres els percentatges de les reserves mundials d'urani:**

país	reserves d'urani (t)	percentatge (%)
Austràlia	1 798 300	23,5
Kazakhstan	875 000	11,5
Rússia	689 200	9,0
Canadà	650 500	8,5
EUA	472 100	6,2
Namíbia	455 600	6,0
Sud-àfrica	450 800	5,9
Níger	404 900	5,3
resta del món	1 838 800	24,1
total	7 635 200	100

32. Ordena-ho de més gran a més petit:

- ◯ protó
- ◯ elefant
- ◯ nucli de carboni
- ◯ electró
- ◯ virus
- ◯ àtom de carboni

33. Completa la taula següent:

nom de l'element		iode		
símbol de l'isòtop	$^{34}_{16}S$			
nombre atòmic (*Z*)			9	
nombre màssic (*A*)		127		37
nombre de protons				17
nombre de neutrons			10	
nombre d'electrons				

34. Respon les preguntes per als nuclis atòmics representats simbòlicament: $^{12}_{6}X$; $^{14}_{7}Y$; $^{14}_{6}Z$ y $^{11}_{5}W$.

a) Quins són isòtops? ....

b) Quins tenen el mateix nombre de neutrons?

....

c) Quin element químic correspon a cada símbol?

....

35. El clor té dos isòtops, el clor-35 i el clor-37. Calcula la massa atòmica relativa de l'element clor. Utilitza les dades de la figura, en la qual hi ha les masses dels dos isòtops del clor i les abundàncies relatives expressades en percentatges:

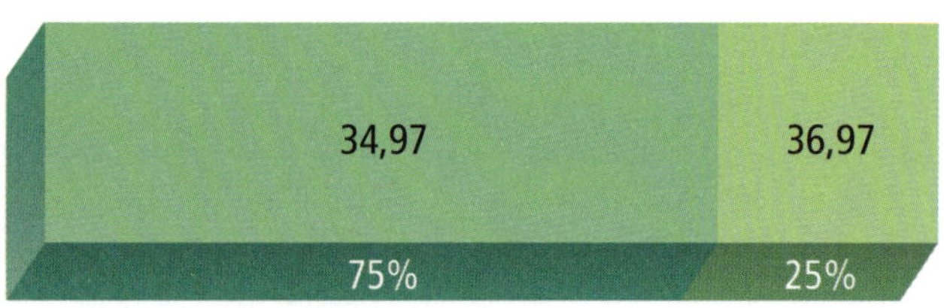

36. Completa les frases següents:

a) Un objecte amb càrrega elèctrica negativa té més nombre d' .... que de protons.

b) Un objecte amb càrrega elèctrica neutra té .... nombre d'electrons que de ....

c) Un objecte amb càrrega elèctrica positiva té .... nombre d'electrons que de protons.

37. Consulta la taula periòdica i completa:

element	símbol	nombre atòmic	massa atòmica
Carboni			
	Cu		
		56	
			16,00
Sodi			
	S		
	Au		
			83,80

38. En el control de la massa d'un radioisòtop que quedava sense desintegrar, es van obtenir aquests resultats:

temps (dies)	0	1	2	3	4	5
massa (mg)	4,20	3,32	2,64	2,10	1,66	1,32

a) Representa gràficament aquestes dades (a l'eix Y, la massa, i a l'eix X, el temps).

RESPON A LA PREGUNTA INICIAL

Quins són els maons de l'Univers?

....

....

....

....

....

....

....

....

....

....

CONSOLIDA EL QUE HAS APRÈS

39. Quins quatre elements formaven la matèria segons els antics grecs? A quins filòsofs grecs devem la primera hipòtesi atòmica?

....

....

40. Defineix *element químic* i *compost químic*:

....

....

41. Completa aquestes frases sobre la teoria atòmica de Dalton:

a) La matèria està formada per .... molt petites, indivisibles i indestructibles anomenades ....

b) Tots els àtoms d'un mateix element químic són ...., però .... dels d'un altre element químic.

c) Els àtoms de diferents elements s'.......................... sempre en una mateixa proporció per formar .... químics.

42. Què és l'electròlisi?

....

....

....

....

43. Associa aquests termes als models atòmics:

neutró •		
electró •	•	model de Thomson
protó •		
nucli •	•	model de Rutherford
escorça •		

44. Fixa't en la figura que representa un àtom:

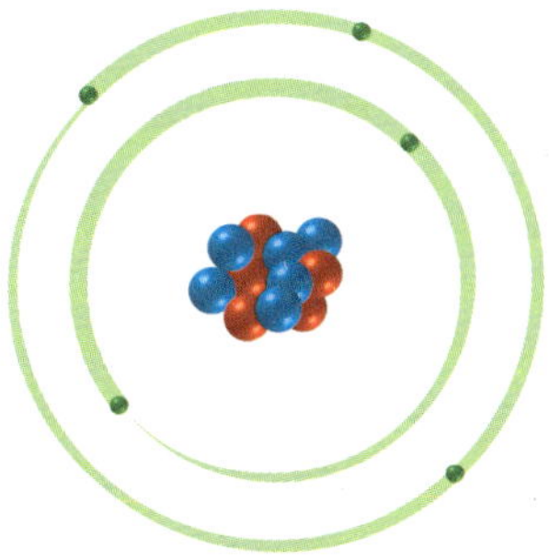

a) Indica què representen les partícules de color vermell, les de color blau i les de color verd.

b) A quin element químic pertany aquest àtom?

....

c) Els àtoms d'un mateix element poden tenir diferent nombre de protons? I de neutrons?

....

....

45. Indica si són veritables (V) o falses (F) les afirmacions següents referides a la fusió nuclear:

- ◯ Hi ha fusió nuclear quan els nuclis petits s'uneixen per formar nuclis més grans.
- ◯ Les centrals nuclears basades en la fusió nuclear produeixen una gran quantitat d'energia.
- ◯ L'inconvenient principal de la fusió nuclear és que el combustible utilitzat és escàs.
- ◯ La fusió nuclear genera menys residus radioactius que la fissió nuclear.

5 ESTRUCTURA DE LA MATÈRIA

Amb quins maons es construeix l'univers?

Tot i que el nombre d'elements químics és petit, la varietat de compostos que es forma amb ells és enorme. Es coneixen milions de compostos i cada dia se'n descobreixen o sintetitzen més.

Actualment hi ha registrats al voltant de 66 milions de compostos químics, i la xifra s'incrementa cada dia.

Aquesta diversitat de compostos s'explica per la gran capacitat que tenen els àtoms per unir-se entre ells i formar estructures complexes.

1860-1899

• 1869

Taula periòdica. El químic rus B. Mendelejev (1834-1907) proposa disposar els elements químics en ordre creixent de la massa atòmica i agrupar-los segons propietats químiques semblants.

• 1914

Taula periòdica moderna. Amb base als treballs del físic anglès H. Moseley (1887-1915) s'adopta el criteri actual de disposar els elements a la taula periòdica segons l'ordre creixent de nombre atòmic.

• 1919

Fundació de la IUPAC (Unió Internacional de Química Pura i Aplicada), organització que regula la nomenclatura química i atorga noms oficials als elements químics.

• 1925

Reni. Els químics alemanys Ida Tacke (1896-1978), W. Noddack (1893-1960) i O. Berg (1873-1939) descobreixen el reni (Z = 75), l'últim element estable que quedava per identificar.

Què sabem?

1. **La capacitat de combinació dels elements químics per formar compostos és comparable a la de les lletres de l'abecedari i la formació de paraules. Construeix totes les paraules que puguis (confirma-les amb el diccionari) amb les lletres A, E, N, R i S. Pots repetir les lletres i fer-les servir totes o només algunes:**

....

....

....

....

2. **Quantes paraules pots construir amb les mateixes lletres si no et demanen que tinguin sentit? Per exemple, AAAAA, AAAAS, etc.**

....

....

3. **Relaciona:**

H •		• aigua
CO_2 •	• element •	• oxigen
H_2O •	• compost •	• diòxid de carboni
O •		• hidrogen

4. **Què és la sal de cuina, un element o un compost? Per què?**

....

....

....

5. **Fixa't en la línia del temps i explica per què és important que existeixi la taula periòdica:**

....

....

....

1900-1999

• *1937*

Tecneci. Els físics italians C. Perrier (1886-1948) i E. Segrè (1905-1989) descobreixen la presència d'un element desconegut de Z = 43 en una mostra de molibdè que havia estat bombardejat amb isòtops pesants d'hidrogen. És el primer element sintetitzat artificialment i per això es denomina *tecneci*.

2000-Actualitat

Ununsepti. L'ununsepti (Z = 117) és l'element sintetitzat més recentment, fruit de la col·laboració de físics nord-americans i russos. La IUPAC encara no li ha donat un nom oficial.

2010 • • *2012*

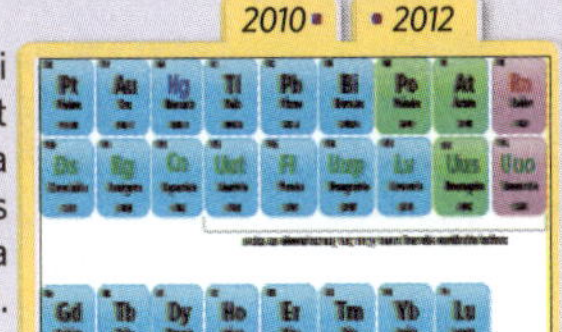

Flerovi i livermori. Són els últims elements denominats per la IUPAC. Els seus noms honoren el físic nuclear rus G. Fliorov i el laboratori Lawrence Livermore (EUA).

1 Els elements químics

- Els **elements naturals** són els que es troben a la natura (n'hi ha 90). Gairebé tots es troben en forma de **compostos**.
- Els **elements artificials** són els creats en **laboratoris** de física.
- El **ferro** és l'element més abundant al nostre planeta (la majoria es troba al **nucli** terrestre).
- L'**oxigen** i el **silici** són els dos elements més abundants a l'**escorça terrestre**.
- L'**oxigen**, el **carboni**, l'**hidrogen**, el **nitrogen**, el **calci** i el **fòsfor** són els sis elements que formen el 99 % de la matèria dels éssers vius.
- Els **oligoelements** (el coure, el zinc, el seleni, el fluor...) són l'1 % restant d'elements **indispensables**, que es necessiten en quantitats mínimes per formar la matèria dels éssers vius.
- L'**hidrogen** i l'**heli** són els elements més abundants de l'univers i els més lleugers.
- En el segle XIX, el descobriment de nous elements químics va portar els científics a intentar classificar-los per facilitar-ne l'estudi:
  - El químic rus D. I. Mendeleiev (1834-1907) i el metge alemany J. L. Meyer (1830-1895), de manera simultània i independent, van proposar ordenar els elements en ordre creixent de **massa atòmica** i agrupar en columnes els que tinguessin propietats químiques semblants.
  - El 1869, Mendeleiev va publicar una taula dels elements amb els 63 elements coneguts ordenats en files i columnes i va reservar espais buits per als no descoberts que, amb el temps, es van descobrir.
- La taula utilitzada actualment s'anomena **taula periòdica** o **sistema periòdic** i deriva d'aquella primera del 1869, però modificada, perquè els elements s'ordenen segons el **nombre atòmic** i no per la seva massa atòmica.

Laboratori del CERN. Els nous elements químics s'obtenen en acceleradors de partícules.

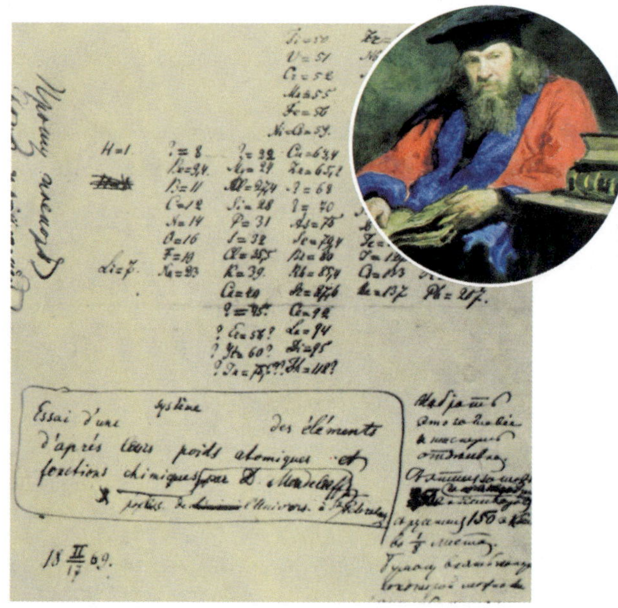

El químic rus D. I. Mendeleiev va fer una ordenació periòdica dels elements que va ser la precursora de la que s'utilitza actualment.

6. Quants elements químics hi ha a la natura? Marca amb una creu (X) l'opció correcta:

◯ 1 267 ◯ 99 ◯ 438 ◯ 90 ◯ 3

7. Investiga i escriu una llista de deu elements químics naturals i una altra de deu elements artificials:

Naturals ....

....

Artificials ....

....

8. **Què són els oligoelements? Posa'n exemples:**

....

....

9. **Quin criteri s'utilitza actualment per ordenar els elements químics?**

....

10. **Fixa't en les imatges i escriu els elements químics més abundants en cada cas:**

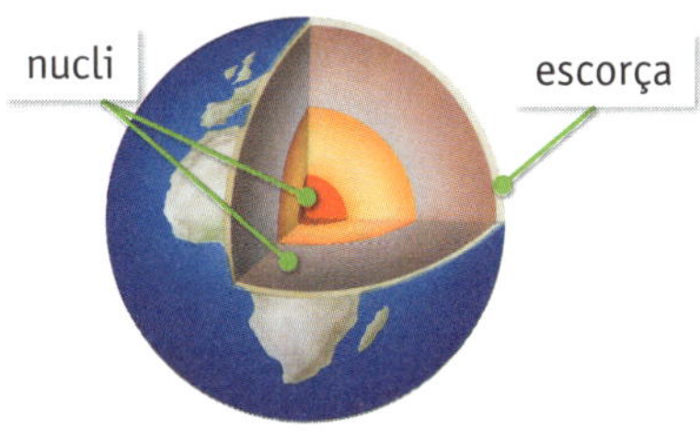

....

11. **Al voltant del 0,006 % de la massa d'una persona és ferro. Calcula quants grams de ferro té, aproximadament, una persona de 60 kg:**

12. **Fixa't en el gràfic sobre el nombre d'elements químics descoberts i fes un resum que l'expliqui:**

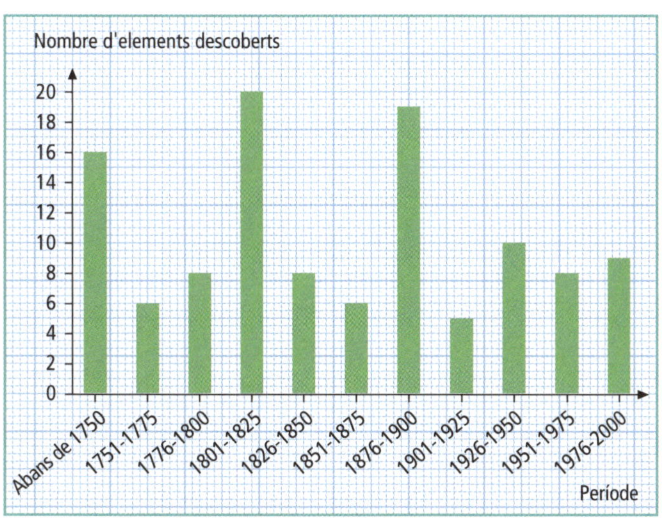

....

....

....

....

....

....

....

....

2 Els elements a la taula periòdica

- A la **taula periòdica actual**, els elements estan col·locats en **ordre creixent de nombre atòmic** i disposats en **18 grups** (les columnes de la taula periòdica) i **7 períodes** (les files).
- Generalment, cada grup de la taula periòdica conté elements amb propietats semblants:
  - **Alcalins**. Són els elements del grup 1 (excepte l'hidrogen). Es tracta de metalls de baixa densitat (alguns són menys densos que l'aigua), tous i que reaccionen enèrgicament amb moltes substàncies.
  - **Halògens**. Són els elements del grup 17. Són molt corrosius, reaccionen amb els metalls i formen sals.
  - **Gasos nobles**. Són els elements del grup 18. Són extraordinàriament estables i rarament es combinen amb altres elements; només ho fan en condicions molt extremes.
- Algunes de les propietats dels elements varien de manera regular dins d'un grup o un període. Per exemple, el volum dels àtoms disminueix quan ens desplacem d'esquerra a dreta en un període i augmenta quan descendim en un grup.
- El **caràcter metàl·lic** està relacionat amb les propietats físiques i químiques dels elements. Disminueix a mesura que ens desplacem cap a la dreta per un període, per la qual cosa el dels primers grups és molt més gran que el dels últims.
- En funció del caràcter metàl·lic, podem classificar els diferents elements en tres famílies:
  - **Metalls**. Tenen un aspecte lluent (**lluïssor metàl·lica**) i són freds al tacte, perquè són molt bons **conductors** de la calor. Els metalls també són bons conductors de l'electricitat, **dúctils** (se'ls pot donar forma de fil) i **mal·leables** (se'ls pot donar forma de làmines).
  - **No-metalls**. No tenen propietats metàl·liques. Molts són gasos, com ara l'oxigen i el nitrogen, però també n'hi ha amb punts de fusió elevats, com ara el carboni. Estan agrupats a la dreta a la taula periòdica.
  - **Semimetalls**. Són elements difícils de classificar, perquè tenen **característiques intermèdies** entre metalls i no-metalls. Alguns, com ara el silici i el germani, s'utilitzen en la fabricació de components electrònics.

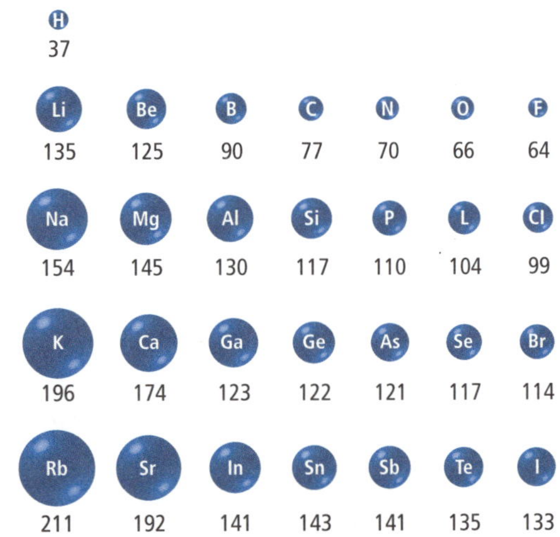

Volums atòmics relatius. Els valors dels radis atòmics estan expressats en picòmetres (1 pm = 10^{-12} m).

Els metalls són dúctils i mal·leables.

@ Amplia a la Xarxa...

Per conèixer millor les característiques dels elements de la taula periòdica, entra a: www.tiching.com/731974

13. **Com varia el volum atòmic al llarg de les files i columnes de la taula periòdica?**

....

....

....

....

14. **A quin costat de la taula periòdica és més accentuat el caràcter metàl·lic dels elements, al dret o a l'esquerre?**

....

15. **Escriu *alcalins* (A), *halògens* (H) o *gasos nobles* (GN) segons el que hi correspongui:**

◯ potassi ◯ neó ◯ sodi ◯ clor ◯ heli ◯ iode

16. **Escriu el nom i el símbol de vuit elements químics que siguin metalls d'ús corrent:**

....

....

17. **Consulta la taula periòdica i classifica aquests elements:**

iode • cobalt • nitrogen • hidrogen • germani

plom • poloni • arsènic • crom

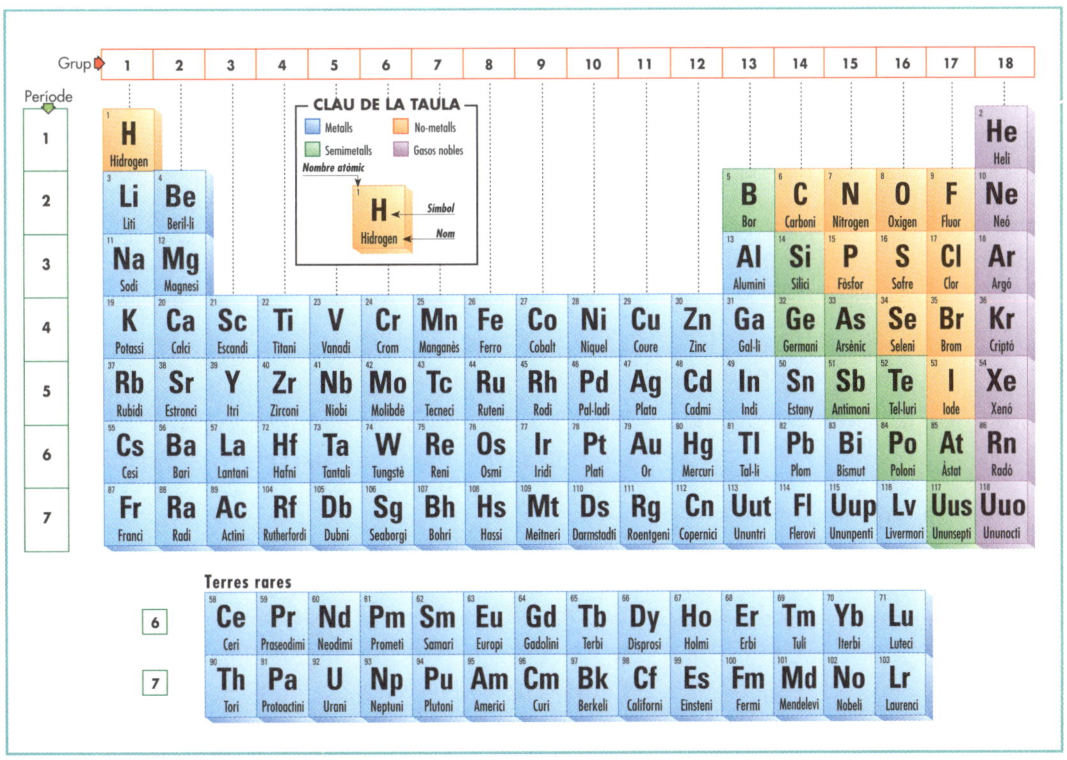

Metalls

....

....

....

No-metalls

....

....

....

Semimetalls

....

....

....

18. **Calcula el percentatge d'elements metàl·lics, no metàl·lics i semimetàl·lics de la taula periòdica:**

....

....

....

3 Enllaç químic

- Es coneixen **milions de substàncies químiques** i totes estan formades únicament pels pocs elements químics de la taula periòdica.
- Els **enllaços químics** són les **forces d'atracció** que tenen els àtoms per unir-se a d'altres i crear una gran varietat de substàncies.
  - Una **molècula** és el resultat dels enllaços químics d'una agrupació discreta d'àtoms.
  - Una **xarxa cristal·lina** o **cristall** és el resultat dels enllaços químics de milions d'àtoms ordenats regularment en l'espai.
  - Una **substància química elemental** és una unió d'àtoms del mateix element.
  - Un **compost químic** és una unió d'àtoms de diferents elements.
- Les propietats de les substàncies químiques són conseqüència dels elements constituents, del nombre d'àtoms que hi participen i de la manera com els àtoms estan units entre ells.
- Una **fórmula química** és la representació d'una substància química, que informa de les classes d'elements que componen la substància i, mitjançant subíndexs numèrics, de la proporció en què es troben en aquesta substància.
- Una **fórmula molecular** indica el nombre exacte d'àtoms de cada element que hi ha a la molècula.
- Una **fórmula empírica** indica només la proporció relativa entre els àtoms de cada element que hi ha a la xarxa cristal·lina.
- Si una xarxa cristal·lina està formada per un sol tipus d'àtoms, la seva fórmula és el símbol de l'element. Per exemple, Fe.

Amb deu xifres construïm tots els nombres, i amb uns quants elements, totes les substàncies químiques.

@ Amplia a la Xarxa...

Per saber més sobre els enllaços covalent, iònic i metàl·lic, entra a: www.tiching.com/731983

Regles d'escriptura

- No s'escriu mai el subíndex 1. Per exemple, s'escriu KCl i no K_1Cl_1.
- Si hi ha un grup d'àtoms que es repeteix més d'una vegada, s'escriu el grup entre parèntesis i amb un subíndex que indica quantes vegades està repetit. Per exemple, $Ca(NO_3)_2$ indica que per cada àtom de calci (Ca) hi ha dos grups d'àtoms NO_3. En total, hi ha un àtom de Ca, dos de N i sis de O.
- Com a norma general, sempre s'escriu a l'esquerra el símbol de l'element de caràcter més metàl·lic. Per exemple, $MgCl_2$ i no ~~Cl_2Mg~~.
- Si els compostos estan formats només per dos elements no metàl·lics, s'escriu a l'esquerra l'element situat més a l'esquerra d'aquesta escala:

  B, Si, C, Sb, As, P, N, H, Te, Se, S, I, Br, Cl, O, F

  Per exemple, s'escriu SO_3 i no ~~O_3S~~.

19. **En què consisteix un enllaç químic?**

....

....

....

20. **Què indica una fórmula molecular? I una fórmula empírica?**

....

....

21. **Quina diferència hi ha entre una molècula i una xarxa cristal·lina? Relaciona:**

xarxa cristal·lina •   • estructura de milions d'àtoms

molècula •   • agrupació discreta d'àtoms

22. **Considera aquestes fórmules moleculars: H_2SO_4, $C_6H_{12}O_6$, HNO_3, $CH_2(COOH)_2$, H_2O:**

– Quins elements constitueixen cada un d'aquests compostos?

....

– Indica el nombre total d'àtoms que hi ha en una molècula de cada compost:

....

23. **Fixa't en l'esquema i completa'l amb els noms que falten, sabent que el clor és Cl_2, l'oxigen és O_2, l'amoníac és NH_3, el metà és CH_4 i l'aigua és H_2O, i que els àtoms de clor es representen en color verd; els d'oxigen, en vermell; els de carboni, en blau, i els d'hidrogen, en blanc:**

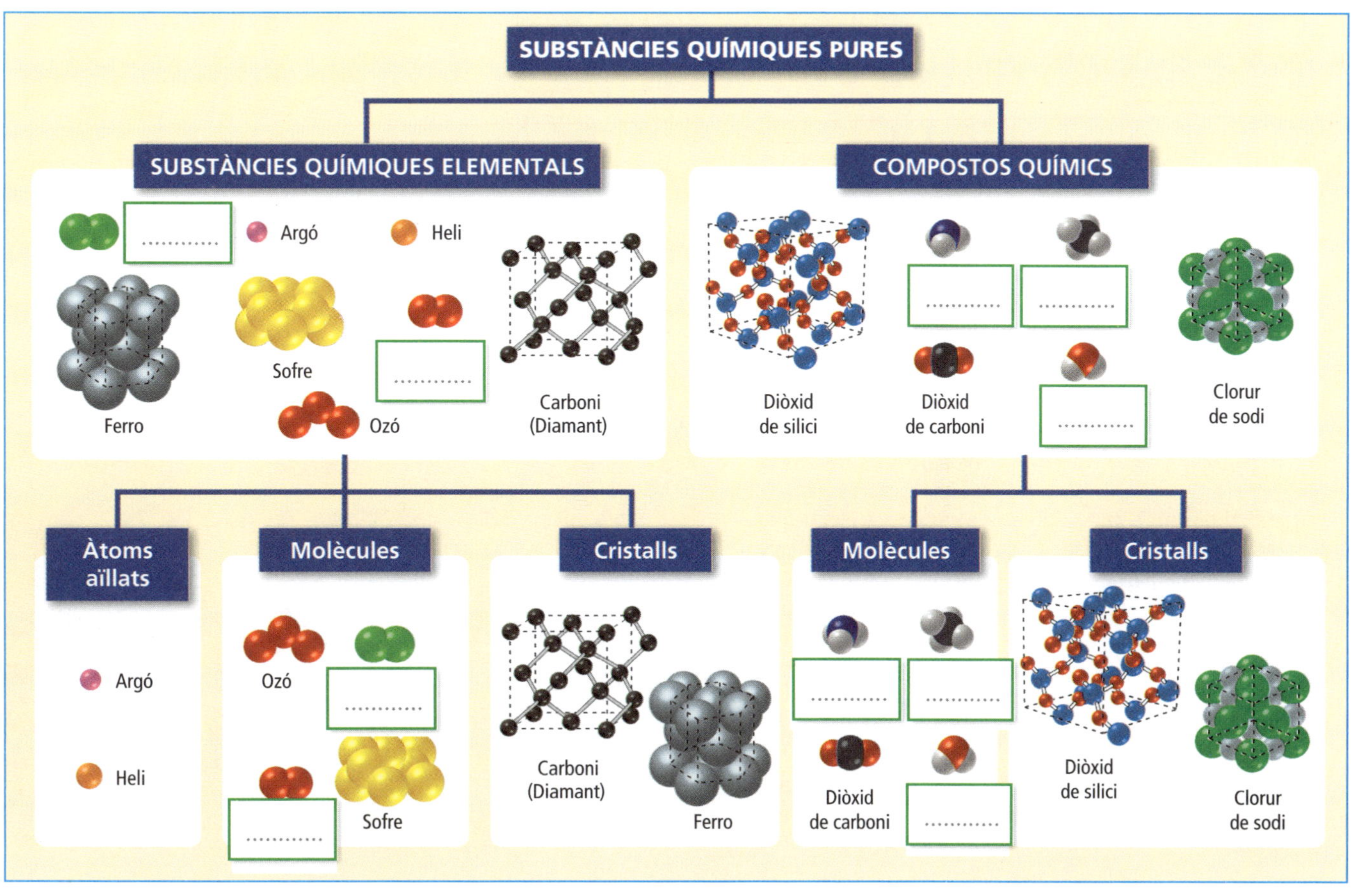

4 Substàncies moleculars i atòmiques

- Les molècules es formen per unió d'un nombre discret d'àtoms d'elements no metàl·lics, els de la dreta de la taula. Les substàncies que estan formades per molècules reben el nom de **substàncies moleculars**.
- Les molècules poden estar formades per àtoms d'un **mateix element** (O_2, N_2, O_3...) o de **diferents elements** (H_2O, CO_2, CO, SO_2...).
- L'**estructura d'una molècula** és estable perquè els àtoms comparteixen electrons, i compensen la força de repulsió entre els nuclis amb forces d'atracció entre els electrons. La unió d'àtoms mitjançant l'ús compartit d'electrons s'anomena **enllaç covalent**.
- La **massa de la molècula** és la suma de les masses de tots els seus àtoms. Les substàncies moleculars es caracteritzen per la seva **massa molecular relativa**, M_r, que es calcula sumant les masses atòmiques relatives dels elements que les formen.
- La **unió d'àtoms** mitjançant enllaç covalent no sempre produeix molècules. De vegades es formen xarxes cristal·lines, i llavors es parla de **substàncies atòmiques**. És el cas del carboni en forma de diamant ($C_{diamant}$).

@ Amplia a la Xarxa...

Per poder construir molècules mitjançant una simulació, entra a: www.tiching.com/731984

Propietats de les substàncies moleculars

- Les forces que mantenen units els àtoms de la molècula són molt fortes, però les forces d'atracció entre les molècules solen ser febles, i són aquestes les que expliquen les propietats de les substàncies moleculars.

propietat	explicació
A temperatura ambient són gasos, líquids o sòlids de punt de fusió baix.	Les forces d'atracció entre les molècules són febles o molt febles.
Canvien d'estat fàcilment.	Aportant poca energia es poden vèncer les febles forces d'atracció que hi ha entre les molècules.
La seva solubilitat en aigua és variable, però solen ser solubles en etanol i en dissolvents semblants.	Només es dissolen en dissolvents de la seva mateixa naturalesa química.
No condueixen l'electricitat en estat pur o en solució aquosa.	Com que els electrons compartits estan molt subjectes en l'enllaç, no hi ha càrregues elèctriques que es puguin desplaçar (excepte si les molècules reaccionen amb l'aigua i es formen espècies noves que sí que condueixen).

Propietats de les substàncies atòmiques

- Les propietats de les substàncies atòmiques deriven de la naturalesa d'aquesta xarxa cristal·lina, anomenada **cristall atòmic**, formada per una infinitat d'àtoms units mitjançant enllaços covalents.

propietat	explicació
Són sòlids densos, durs, insolubles i amb punts de fusió elevats (per sobre de 1400 °C).	Els enllaços covalents són molt forts i fan que el cristall atòmic sigui molt compacte i difícil de destruir.
No condueixen el corrent elèctric.	Com que els electrons compartits estan molt subjectes en l'enllaç, no hi ha càrregues elèctriques que es puguin desplaçar (excepte en una forma del carboni anomenada grafit).

Les propietats de les substàncies moleculars ens són molt familiars, perquè algunes de les substàncies més comunes, com ara l'aigua i els components de l'aire, són substàncies moleculars.

24. **Explica quina diferència hi ha entre una substància covalent molecular i una altra d'atòmica:**

25. **En un laboratori es determina el punt de fusió d'una substància i s'obté un valor de 143 °C:**

– Pot ser una substància covalent atòmica?

– I molecular? Per què?

26. **Calcula la massa molecular dels compostos següents: $C_6H_{12}O_6$, H_3PO_4, C_6H_6:**

27. **La sacarina és un compost de cristalls blancs, solubles en aigua calenta i de punt de fusió baix (224 °C). La seva fórmula és $C_7H_5NO_3S$ i té un poder edulcorant 550 vegades superior al del sucre. Indica quins elements i quin nombre d'àtoms de cada element formen la seva molècula, i calcula'n la massa molecular:**

28. **Tenint en compte les propietats de les substàncies, indica quines imatges corresponen a una substància molecular i quines a una substància atòmica:**

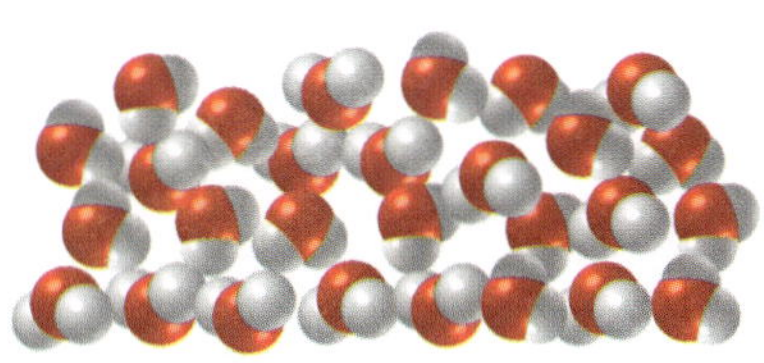

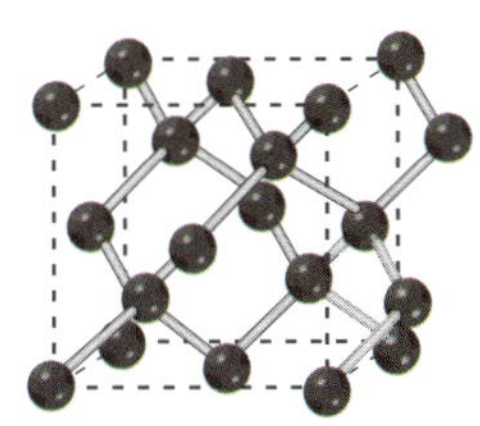

5 Substàncies metàl·liques i iòniques

- Una **substància metàl·lica** (Na, Fe, Al, Au...) està formada només per àtoms d'elements metàl·lics. Els electrons més externs, units feblement al nucli, formen un **núvol electrònic** que es manté al voltant dels àtoms del metall.
- L'**enllaç metàl·lic** es dóna entre elements metàl·lics i és una estructura ordenada d'ions positius immersa en un núvol d'electrons subjectat molt feblement.
  - Els àtoms formen una xarxa cristal·lina compacta i ordenada anomenada **cristall metàl·lic**. El núvol d'electrons que cohesiona aquesta xarxa és el responsable de les propietats dels metalls.
- Si un element metàl·lic s'uneix amb un element no metàl·lic, es formen **substàncies iòniques** (NaCl, CaS, MgF_2...), que estan formades per xarxes cristal·lines d'ions, és a dir, d'àtoms o grups d'àtoms carregats elèctricament:
  - Un ió amb càrrega positiva o **catió** es produeix quan un àtom perd electrons.
  - Un ió amb càrrega elèctrica negativa o **anió** es produeix quan un àtom guanya electrons.
- Els ions es representen pel símbol de l'element i un superíndex que indica la càrrega elèctrica neta:

fórmula	nom	fórmula	nom
Na^+	ió sodi	O^{2-}	ió òxid
K^+	ió potassi	S^{2-}	ió sulfur
Mg^{2+}	ió magnesi	F^-	ió fluorur
Ca^{2+}	ió calci	Cl^-	ió clorur
Al^{3+}	ió alumini	Br^-	ió bromur

- Els ions formats tenen càrregues oposades, s'atreuen i queden units. Aquest tipus d'enllaç es coneix com a **enllaç iònic**.
  - Com que cada ió atreu ions de signe contrari, un primer ió quedarà envoltat d'ions de signe oposat i aquests, al seu torn, s'envoltaran de més ions de signe oposat i així successivament, però sempre conservant entre els ions la proporció adequada per mantenir la neutralitat elèctrica.
  - D'aquesta manera es forma un conglomerat ordenat d'ions anomenat **cristall iònic**.

Casc cretenc de bronze del 600 a.C. Els metalls són coneguts des de l'antiguitat.

@ Amplia a la Xarxa...

Per poder accedir a una simulació que mostra la dissolució de la sal, entra a: www.tiching.com/731985

29. **Relaciona:**

ió amb càrrega positiva •	• anió •	• Es produeix quan un àtom perd electrons.
ió amb càrrega negativa •	• catió •	• Es produeix quan un àtom guanya electrons.

30. Quines característiques han de tenir dos àtoms perquè es formi un enllaç iònic entre ells?

31. Què significa que un compost iònic ha de mantenir la neutralitat elèctrica?

32. Què és el núvol d'electrons dels metalls?

33. La fórmula del clorur de potassi és KCl, i la del sulfur de potassi és K_2S. Per quina raó la proporció d'àtoms de potassi és diferent en els dos compostos?

34. Uns quants metalls són líquids en condicions ambientals. Busca'n el nom i el símbol a la taula periòdica i escriu-los:

35. Tenint en compte les propietats de les substàncies, indica quines imatges corresponen a una substància metàl·lica i quines a una substància iònica:

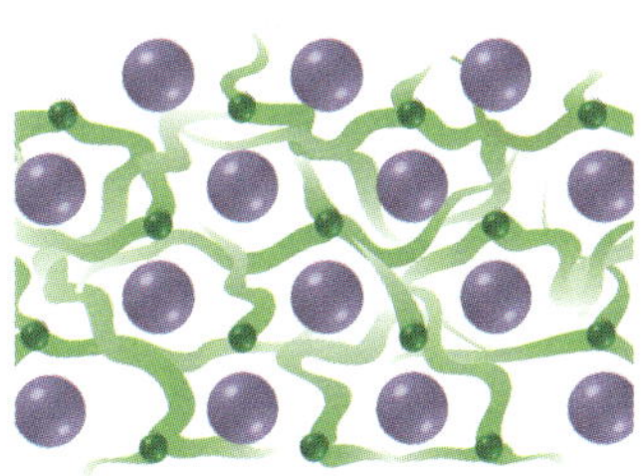

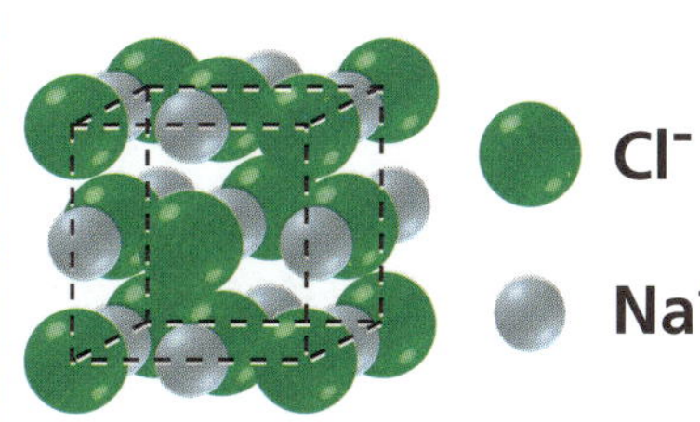

6 El llenguatge químic

- La **química** té un **llenguatge específic** per anomenar instruments, substàncies, procediments, etc. En els seus orígens, els científics anomenaven les noves substàncies segons les anaven descobrint.
- **Dalton** va proposar un **primer sistema de formulació**, que va ser modificat posteriorment per Berzelius:
  - Els elements se simbolitzen per lletres, i els subíndexs de les fórmules indiquen el nombre d'àtoms.
  - La dificultat va arribar en buscar una nomenclatura comuna perquè la varietat de noms que rebia una mateixa substància era enorme.
  - El 1919 es va fundar la Unió Internacional de Química Pura i Aplicada (**IUPAC**) per **unificar** la **nomenclatura** química.
  - Actualment, encara coexisteixen diversos sistemes.
- La **nomenclatura sistemàtica estequiomètrica** és la més senzilla: inclou el **nom** i el **símbol** dels elements químics.
- La **química inorgànica** estudia els elements de la taula periòdica i els compostos que formen, excepte la majoria dels compostos del carboni, estudiats en la química orgànica o química del carboni.
- Els compostos inorgànics més simples són els **binaris**, formats per dos elements diferents. Els principals són:
  - **Òxids**. Oxigen i un altre element: CO_2, Fe_2O_3...
  - **Hidrurs**. Hidrogen i un altre element: CaH_2, HCl...
  - **Sals**. Un element metàl·lic i un altre de no metàl·lic: $NaCl$, CaS...
  - **Combinació de no-metalls**. Dos elements no metàl·lics: CS_2, CCl_4...
- En la **nomenclatura sistemàtica** s'anomenen els elements químics i s'indica, amb **prefix**, el nombre d'àtoms de cada element que hi ha a la fórmula.

  un → **mono-** dos → **di-** tres → **tri-**

  quatre → **tetra-** cinc → **penta-**

  sis → **hexa-** set → **hepta-**

  - Generalment s'omet el prefix *mono-*.
  - L'element situat a la dreta a la fórmula s'anomena amb la terminació *-ur*, excepte si és oxigen, que s'anomena òxid.
- Alguns compostos binaris comuns i quotidians conserven el nom tradicional: aigua (H_2O), amoníac (NH_3), metà (CH_4).

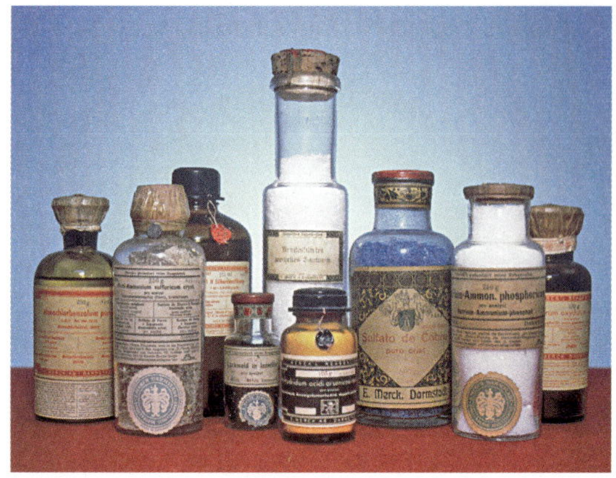

Antigament, una mateixa substància química podia rebre noms diferents.

exemples de nomenclatura	
CO_2	diòxid de carboni
Fe_2O_3	triòxid de diferro
P_2O_5	pentaòxid de difòsfor
CaH_2	dihidrur de calci
HCl	clorur d'hidrogen
CoH_3	trihidrur de cobalt
$NaCl$	clorur de sodi
CaS	sulfur de calci
$AlCl_3$	triclorur d'alumini
CS_2	disulfur de carboni
CCl_4	tetraclorur de carboni
NBr_3	tribromur de nitrogen

36. **Què signifiquen les sigles IUPAC? Per què es va fundar?**

....

....

37. **Quin químic va modificar el primer sistema de formulació proposat per Dalton?**

Nicholas Kurti.

J. J. Berzelius.

Svante A. Arrhenius.

Sir Humphry Davy.

38. **Escriu la fórmula dels compostos següents:**

- monòxid de carboni: ....
- triclorur de ferro: ....
- tetraclorur de silici: ....
- pentaòxid de diarsènic: ....
- hexafluorur de sofre: ....
- diòxid de sofre: ....
- hidrur de sodi: ....
- diclorur de bari: ....
- pentaòxid de diiode: ....
- òxid de calci: ....

39. **Escriu el nom dels compostos següents:**

$PbCl_4$ ....

H_2S ....

I_2O_3 ....

MgH_2 ....

KCl ....

$PbBr_4$ ....

K_2O ....

TiO_2 ....

PCl_5 ....

Na_2S ....

40. **Escriu exemples dels binaris següents:**

Òxids	Hidrurs	Sals	Combinació de no-metalls
....	....	....	....
....	....	....	....
....	....	....	....
....	....	....	....

Activitats finals • Activitats finals • Activitats finals

41. A l'organisme humà, el 18% en massa dels àtoms són de carboni. Calcula quants quilograms de carboni té, aproximadament, una persona que pesa 60 kg:

42. Indica amb una creu (X) quins elements tenen propietats químiques semblants al calci:

- ◯ carboni
- ◯ magnesi
- ◯ liti
- ◯ sofre
- ◯ estronci
- ◯ bor

43. Busca a la taula periòdica el nom i el símbol dels gasos nobles:

....

....

....

....

....

....

....

44. Classifica aquests elements:

crom • brom • zinc • sofre • poloni • silici
sodi • oxigen • clor • bor • iode • arsènic
antimoni • manganès • calci

metalls	no-metalls	semimetalls

45. Completa la taula següent:

nom	símbol	grup	període
oxigen			
		17	4
	Al		
bari			
	Kr		
		12	6

46. Fixa't en els models següents. Indica quins representen elements (E) i quins representen compostos (C):

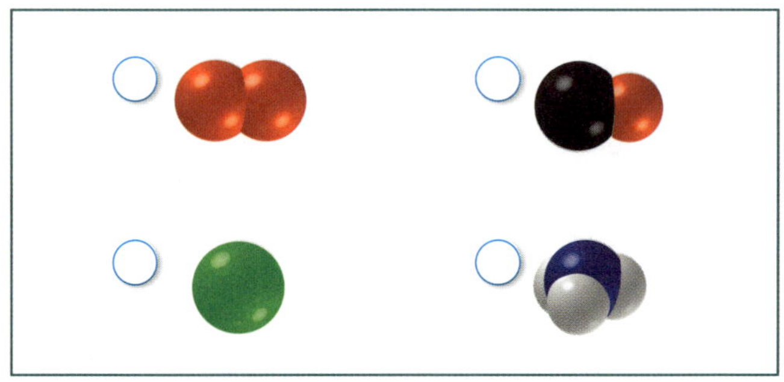

47. Indica amb una creu (X) quins d'aquests parells d'elements poden formar compostos iònics:

- ◯ hidrogen i oxigen
- ◯ sofre i clor
- ◯ alumini i oxigen
- ◯ iode i plom
- ◯ potassi i sofre
- ◯ brom i liti

48. Indica amb una creu (X) quins d'aquests parells d'elements es poden combinar i formar molècules:

- ◯ clor i clor
- ◯ sofre i clor
- ◯ hidrogen i oxigen
- ◯ iode i plom
- ◯ alumini i oxigen
- ◯ carboni i sofre

49. Calcula la massa molecular de les fórmules següents: CO_2, $CaSO_4$, NH_4Br, H_2S, Ni_2O_3, $Ba(OH)_2$, NH_3 i KF

RESPON A LA PREGUNTA INICIAL

Amb quins maons es construeix l'univers?

....

....

....

....

....

....

....

....

....

CONSOLIDA EL QUE HAS APRÈS

50. Defineix els conceptes següents:

a) Element natural: ....

....

b) Element artificial: ....

....

c) Oligoelement: ....

....

51. Completa aquestes frases:

a) En la taula periòdica actual, els .... estan col·locats en ordre creixent de .... i disposats en 18 .... i 7 ....

b) Per norma general, cada grup conté elements amb unes propietats .... Alguns d'aquests grups tenen noms distintius: grup 1 (................................), grup 17 (................................) i grup 18 (................................).

c) El volum dels àtoms .... en desplaçar-se d'esquerra a dreta en un .... i augmenta en descendir en un ....

52. Què és un enllaç químic? En què consisteix?

....

....

....

53. Què distingeix una substància química elemental d'un compost químic?

....

....

....

54. Indica si són veritables (V) o falses (F) aquestes afirmacions sobre les substàncies covalents moleculars i atòmiques:

- ◯ Les substàncies moleculars són sòlids de punt de fusió elevat.
- ◯ Les forces que uneixen les molècules en un sòlid molecular són febles.
- ◯ Les substàncies moleculars en estat pur són bons conductors de l'electricitat.
- ◯ Les substàncies moleculars són de densitat elevada.
- ◯ Les substàncies atòmiques són gasos, líquids o sòlids de punt de fusió baix.
- ◯ Les substàncies atòmiques estan formades per xarxes cristal·lines.

55. Troba els noms dels elements no metàl·lics de la taula periòdica:

S	T	W	U	A	Z	L	F	U	E	D	S
O	C	A	R	B	O	N	I	J	Q	D	O
F	O	F	B	Z	B	R	O	M	P	M	H
R	X	I	B	U	I	O	D	E	Y	L	I
E	I	U	F	O	S	F	O	R	L	P	D
C	G	I	C	R	R	G	G	U	Y	E	R
N	E	T	N	I	T	R	O	G	E	N	O
K	N	F	R	Q	Z	P	R	A	J	T	G
Q	I	L	O	U	G	O	F	O	T	P	E
X	L	U	X	O	Y	B	R	G	K	J	N
X	G	O	M	N	S	E	L	E	N	I	Z
I	J	R	L	X	J	T	C	L	O	R	A

6 Reaccions químiques

Com canvia la matèria que ens envolta?

Una característica de la naturalesa humana és l'afany de transformar els materials disponibles per fer-los més profitosos. Al principi, van ser simples canvis físics, com ara la talla i el poliment. Després, el descobriment del foc va portar a alterar la naturalesa de les substàncies i transformar-les en altres de diferents.

La naturalesa del canvi químic es va començar a comprendre fa poc més de dos-cents anys, gràcies al desenvolupament de la química com a disciplina científica.

1750-1799

Combustió. El químic francès A. Lavoisier publica el 1777 la *Memòria sobre la combustió*, on explica aquesta reacció des d'una perspectiva plenament moderna.

1777

1778

Fotosíntesi. El metge holandès Jan Ingenhusz (1730-1799) descobreix els aspectes essencials de la fotosíntesi de les plantes.

Catàlisi. El químic suec J. Berzelius (1779-1848) revisa els coneixements sobre la catàlisi química, en descriu les característiques, li dóna el nombre actual i en defineix el camp d'estudi.

1836

1840

Termoquímica. El químic rus G. H. Hess (1802-1850) fa una sèrie d'experiments que posen les bases de la termoquímica.

Què sabem?

1. Fixa't en les imatges i relaciona. Justifica l'elecció:

◯ canvi físic

◯ canvi químic

....

....

2. Les reaccions químiques són fenòmens molt corrents. Marca amb una creu (X) les reaccions químiques de la llista de transformacions següent i explica per què ho són:

◯ Un gelat es desfà per la calor. ....

◯ La llum és reflectida en un mirall. ....

◯ La llet es torna agra fora de la nevera. ....

◯ El pa és fornejat. ....

◯ Una amanida s'amaneix amb sal i oli. ....

3. De tots els científics que apareixen a la línia inferior del temps, quin et sembla que ha fet una contribució més important a la química de les reaccions? Per què?

....

....

1800-1899 | **1900-1950**

1889 •

Energia d'activació. El químic suec S. Arrhenius (1859-1927) formula una equació que introdueix el concepte d'energia d'activació en relació a la velocitat de reacció.

• 1916-1918

Teoria de les col·lisions. Els químics Max Trautz (1880-1969) i William Lewis (1885-1956) proposen, de manera independent, entre 1916 i 1918, la teoria de les col·lisions com a model de la reacció química.

1 Transformacions de la matèria

Canvis físics i canvis químics

- Un **canvi físic** és una transformació d'una substància en què no canvia la seva naturalesa química.

a) Quan escalfem etanol, sembla que desaparegui, perquè passa a l'estat gasós. b) Si refredem el vapor format, es torna a condensar a etanol líquid, per la qual cosa deduïm que es tracta d'un canvi físic.

- Un **canvi químic** o **reacció química** és una transformació d'una substància en què canvia la seva naturalesa química. Les substàncies inicials són els **reactius** i les substàncies obtingudes són els **productes**.

a) Tot i que l'aspecte del ferro fos és molt diferent de l'aspecte del ferro sòlid, continua sent ferro. b) En canvi, l'aparició de rovell a les peces de ferro és deguda a la transformació del ferro en una altra substància: l'òxid de ferro.

- Una reacció química s'interpreta fàcilment a partir d'un model anomenat **teoria de col·lisions**. Les partícules dels reactius (molècules, àtoms i ions) xoquen contínuament entre elles i, per l'impacte, alguns enllaços es poden trencar. Les partícules es deslliguen i es tornen a enllaçar. Si ho fan en una disposició diferent de l'original, formen noves substàncies, els productes, i la reacció química haurà tingut lloc.
  - Les partícules han de xocar amb una **orientació** adequada.
  - Hi ha d'haver un mínim de **velocitat** en les partícules. La **temperatura** augmenta aquesta velocitat.
- L'**energia d'activació** és l'energia mínima necessària perquè s'iniciï una reacció química.

4. **En què es diferencien els canvis físics dels canvis químics?**

....

....

....

5. **Què és l'energia d'activació? Explica-ho amb exemples:**

....

....

6. **Indica si són canvis químics (Q) o canvis físics (F) les transformacions següents i explica per què:**

Cremar un paper.

Assecatge d'una pintura.

Fregir una hamburguesa.

Un cafè que es refreda.

La maduració de la fruita.

Extreure la sal de l'aigua del mar.

7. **Escriu altres exemples que coneguis on es produeixin canvis físics o químics:**

Físics

Químics

8. **Quines dues circumstàncies s'han de complir perquè es produeixi una reacció?**

2 Energia i velocitat de la reacció química

- En una **reacció química** es produeix un despreniment o una absorció d'energia, que s'acostuma a manifestar en forma de calor.
- La **velocitat** d'una reacció és la concentració de producte que es forma, o de reactiu que desapareix, per unitat de temps.
- La velocitat d'una reacció depèn de la naturalesa de la reacció, però també de les condicions en què es porta a terme. Hi ha diversos factors que influeixen en la velocitat:
  - **Concentració dels reactius:**
    En les reaccions en estat gasós o en solució, *la velocitat de reacció s'incrementa quan augmenta la concentració dels reactius*. Com més *concentració de reactius*, més xocs es produeixen.
  - **Superfície de contacte:**
    En les reaccions d'estats d'agregació diferents, la velocitat de reacció depèn de la superfície de contacte entre els reactius: *com més superfície de contacte, més gran serà la freqüència dels xocs.*
  - **Temperatura:**
    La velocitat de reacció augmenta si s'incrementa la temperatura, i disminueix si descendeix. Un augment de 10 °C dobla la velocitat.
  - **Catalitzadors i enzims:**
    - Un **catalitzador** és una substància que, sense ser un reactiu, augmenta la velocitat d'una reacció química.
    - Els **enzims** són catalitzadors biològics indispensables per portar a terme les reaccions bioquímiques necessàries per als éssers vius.

Reaccions exotèrmiques

- Es desprèn calor perquè l'energia dels enllaços dels productes és més petita que l'energia dels enllaços dels reactius.

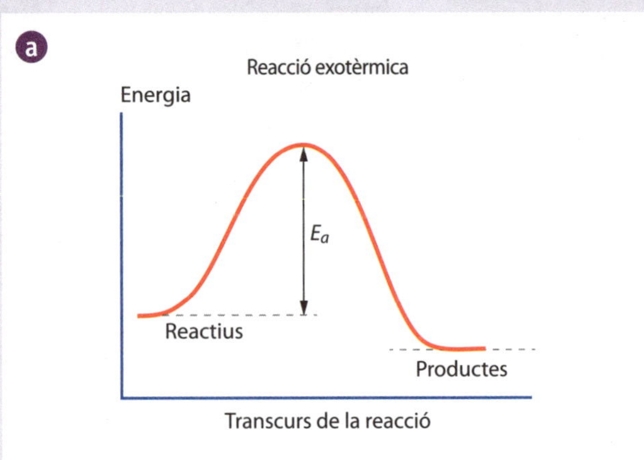

Reaccions endotèrmiques

- S'absorbeix calor perquè l'energia dels enllaços dels productes és més gran que l'energia dels enllaços dels reactius.

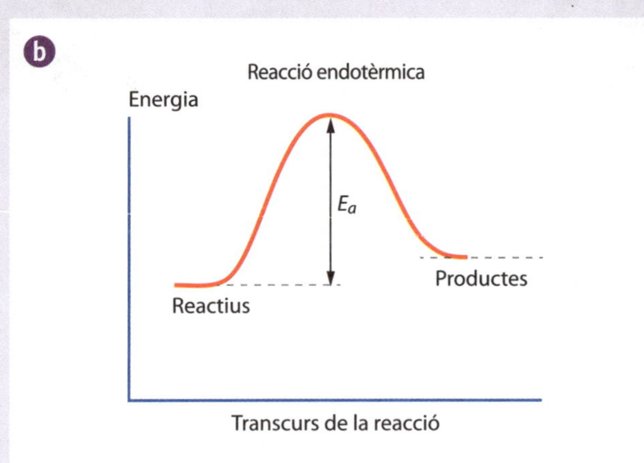

9. Com s'anomenen les reaccions que absorbeixen energia? I les que en desprenen?

....

....

....

....

10. **Fixa't en les imatges i determina quin tipus de despreniment energètic es produeix en cada una:**

1. electricitat
2. calor
3. llum

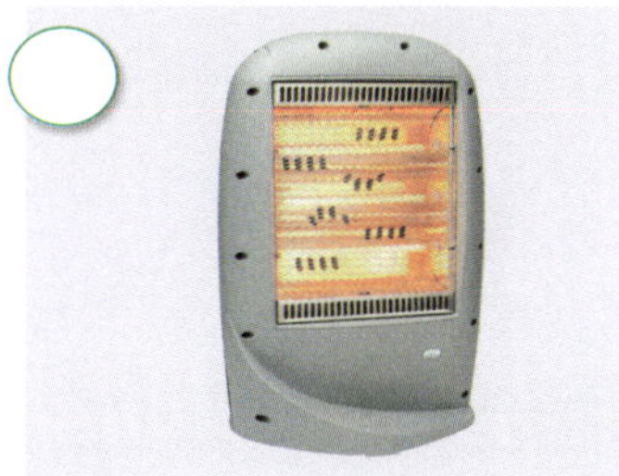

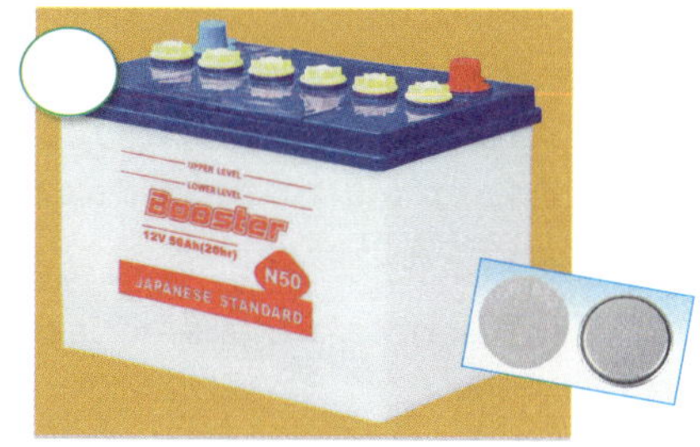

11. **Com influeix la temperatura en la velocitat de reacció?**

12. **Què és un catalitzador? I un enzim?**

13. **En mesclar dues solucions, s'observa que es produeix un precipitat i el recipient s'escalfa. Ha tingut lloc una reacció química? De quin tipus?**

14. **Fixa't en la imatge i explica per què els aliments congelats, tot i que es conserven durant molt de temps, passat un cert límit també s'acaben fent malbé:**

Les baixes temperatures afavoreixen la conservació dels aliments perquè les reaccions de descomposició s'esdevenen molt més lentament.

3 Representació d'una reacció química

- Una **equació química** és la representació simbòlica d'una **reacció química**:

$CaCO_3$ (s) + H_2SO_4 (aq) → $CaSO_4$ (aq) + CO_2 (g) + H_2O (l)

- Si s'afegeix carbonat de calci ($CaCO_3$) a una solució d'àcid sulfúric (H_2SO_4), s'esdevé una reacció química que produeix sulfat de calci ($CaSO_4$), diòxid de carboni (CO_2) i aigua (H_2O).
- L'escriptura d'una equació química segueix unes normes:
  - A l'**esquerra** s'escriuen, separats per signes +, les **fórmules** químiques dels reactius, i a la **dreta**, els **productes**.
  - Una **fletxa** → separa els reactius dels productes i simbolitza el **sentit de la reacció**.
  - S'acostumen a indicar els estats d'agregació de les substàncies: sòlid (s), líquid (l), gas (g) i solució aquosa (aq).
  - L'equació química s'escriu ajustada, és a dir, amb el mateix nombre i tipus d'àtoms a l'inici que al final.
- Els **coeficients estequiomètrics** són nombres que es col·loquen davant de les fórmules per indicar que aquestes espècies químiques participen en la reacció en una proporció més gran que la unitat. Exemple:
  - L'equació del carbonat de calci i l'àcid clorhídric és:

  $CaCO_3$ (s) + HCl (aq) → $CaCl_2$ (aq) + CO_2 (g) + H_2O (l)

  - En comptar el nombre d'àtoms de clor (Cl) i d'hidrogen (H), veiem que no estan igualats: n'hi ha més en els productes. Per ajustar-la, s'afegeixen coeficients estequiomètrics:

  $CaCO_3$ (s) + 2 HCl (aq) → $CaCl_2$ (aq) + CO_2 (g) + H_2O (l)

- L'escriptura d'una equació química ha de seguir aquests passos:
  1. Reconèixer tots els reactius i els productes implicats en la reacció.
  2. Escriure la fórmula dels reactius i dels productes.
  3. Ajustar l'equació química.

En la reacció del carbonat de calci amb àcid sulfúric, destaca la producció de diòxid de carboni gas.

$CH_4 + O_2 \rightarrow CO_2 + H_2O$

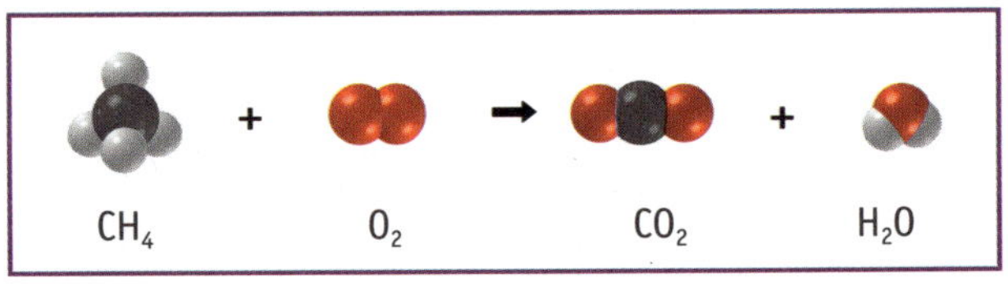

Hi ha més àtoms d'oxigen i menys d'hidrogen a la dreta.

$CH_4 + O_2 \rightarrow CO_2 + 2\ H_2O$

$CH_4 + 2\ O_2 \rightarrow CO_2 + 2\ H_2O$

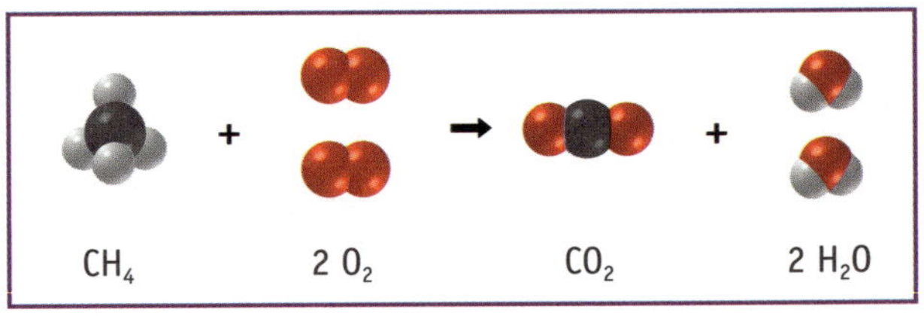

Tant el nombre d'àtoms com la seva classe és el mateix.

CH_4 (g) + 2 O_2 (g) → CO_2 (g) + 2 H_2O (l)

Passos per ajustar una equació química.

@ Amplia a la Xarxa...

Per practicar l'ajustament d'equacions químiques en un simulador, entra a: www.tiching.com/731989

15. Què representa una equació química?

....

....

....

16. **Què són els coeficients estequiomètrics?**

....

....

....

17. **Quins passos cal seguir per ajustar una equació química?**

....

....

....

....

18. **Completa cada equació química amb els coeficients estequiomètrics que hi falten:**

- C_2H_2 + ◯ $O_2 \rightarrow$ ◯ CO_2 + ◯ H_2O
- Zn + ◯ HCl $\rightarrow ZnCl_2 + H_2$
- 4 HCl + $O_2 \rightarrow$ ◯ H_2O + ◯ Cl_2
- Na_2SO_4 + 4 C $\rightarrow Na_2S$ + ◯ CO
- 2 NO + $O_2 \rightarrow$ ◯ NO_2
- CH_4 + ◯ $O_2 \rightarrow CO_2$ + ◯ H_2O
- C_3H_8 + ◯ $O_2 \rightarrow$ ◯ CO_2 + ◯ H_2O
- ◯ Na + ◯ $H_2O \rightarrow$ ◯ NaOH + H_2
- C_3H_8 + ◯ $O_2 \rightarrow$ ◯ CO_2 + ◯ H_2O
- ◯ KOH + $H_2SO_4 \rightarrow K_2SO_4$ + ◯ H_2O

19. **Sabent que el carboni es representa amb una esfera grisa, l'oxigen amb una esfera vermella i l'hidrogen amb una esfera blanca, representa la primera equació de l'exercici 18:**

DESCOBREIX

4 Reaccions químiques quotidianes

Moltes reaccions químiques es produeixen contínuament al nostre entorn i al nostre propi organisme.

A COMBUSTIÓ

- La combustió és una reacció en la qual una substància, anomenada **combustible**, reacciona amb una altra, anomenada **comburent**, i es produeix un gran despreniment d'energia.
- Les reaccions de combustió de matèria orgànica produeixen diòxid de carboni i aigua. Per exemple, la combustió de l'etanol:

$$C_2H_5OH + 3\ O_2 \rightarrow 2\ CO_2 + 3\ H_2O$$

B RESPIRACIÓ

- La majoria dels organismes aconseguim la nostra energia mitjançant la **respiració cel·lular**. El combustible més comú és la glucosa ($C_6H_{12}O_6$) i els productes són diòxid de carboni i aigua:

$$C_6H_{12}O_6 + 6\ O_2 \rightarrow 6\ CO_2 + 6\ H_2O$$

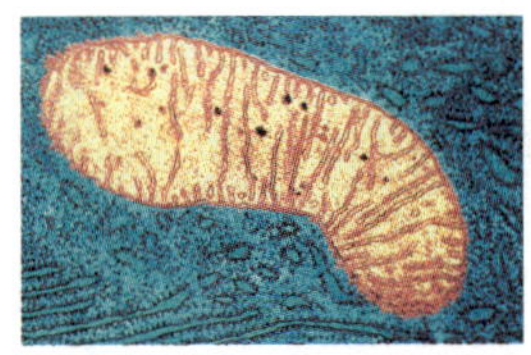

El mitocondri és l'orgànul cel·lular encarregat de la respiració.

C FOTOSÍNTESI

- Les plantes utilitzen la llum del Sol per fabricar les substàncies que necessiten mitjançant un procés anomenat fotosíntesi. Els reactius utilitzats són diòxid de carboni i aigua, i els productes són compostos orgànics complexos i oxigen:

$$6\ CO_2 + 6\ H_2O \rightarrow C_6H_{12}O_6 + 6\ O_2$$

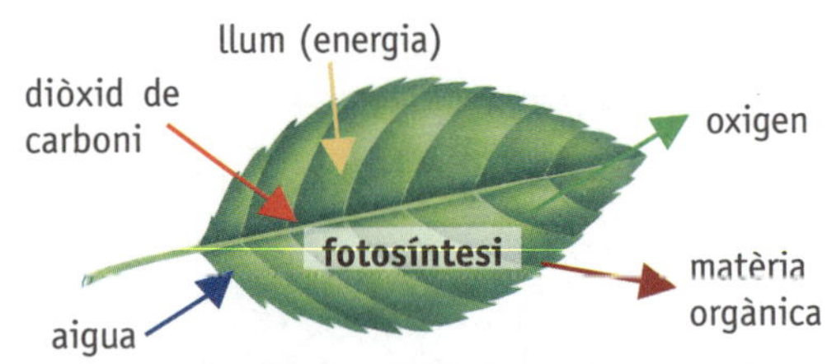

D FERMENTACIÓ

- Alguns microorganismes, com ara els llevats, aconsegueixen energia mitjançant fermentacions, processos bioquímics que no necessiten oxigen (o molt poc).
- Fermentació alcohòlica: $C_6H_{12}O_6 \rightarrow 2\ C_2H_5OH + 2\ CO_2$
- Fermentació acètica: $C_2H_5OH + O_2 \rightarrow CH_3COOH + H_2O$

E OXIDACIÓ DE METALLS

- La majoria dels metalls reaccionen amb l'oxigen de l'aire i formen els òxids corresponents. El ferro és el metall més corrent i s'oxida fàcilment, sobretot en ambients humits:

$$2\ Fe + 3\ O_2 \rightarrow Fe_2O_3$$

20. **És correcte afirmar que l'oxigen pur és millor combustible que l'aire?**

....

....

....

21. **Tenint en compte els productes de reacció de les combustions, què pot ser el solc blanc que deixen els avions de reacció al cel?**

....

....

....

22. **Com podríem comprovar que quan respirem produïm vapor d'aigua?**

....

....

....

23. **La fotosíntesi és una reacció exotèrmica o endotèrmica?**

....

24. **Llegeix el text i contesta:**

Els àcids són un grup de substàncies que formen part de molts aliments, com ara l'àcid cítric en taronges i llimones. Al nostre estómac hi ha un àcid molt fort, l'àcid clorhídric, un component dels sucs gàstrics. Un altre grup de substàncies, les bases, tenen la propietat de contrarestar les característiques dels àcids. Per això, la reacció entre un àcid i una base rep el nom de reacció de neutralització. Quan tenim acidesa d'estómac, prenem bases, que anomenem antiàcids, perquè reaccionin amb l'excés d'àcid clorhídric i en neutralitzin l'efecte.

L'antiàcid més tradicional és el bicarbonat de sodi, que reacciona amb l'àcid clorhídric segons: $NaHCO_3 + HCl \rightarrow NaCl + H_2O + CO_2$

– Per què penses que després de prendre bicarbonat és inevitable eructar?

....

....

....

....

25. Indica si les transformacions següents són canvis físics (F) o químics (Q):

- ◯ L'oxidació del ferro.
- ◯ La congelació de l'oli.
- ◯ La combustió de la gasolina.
- ◯ La dissolució del sucre en el cafè.
- ◯ Fer un ou ferrat.
- ◯ L'evaporació d'un perfum.
- ◯ Esprémer taronges per extreure'n el suc.
- ◯ La fotosíntesi de les plantes.

26. L'etè (C_2H_4) és un gas combustible que reacciona amb l'oxigen (O_2) i produeix diòxid de carboni i aigua.

– Fixa't en la representació atomicomolecular inacabada de la combustió de l'etè.

a) Identifica amb quin codi de colors es representen els àtoms:

◯ carboni ◯ hidrogen ◯ oxigen

b) Completa la representació inacabada. Per fer-ho, dibuixa les molècules que falten dels productes:

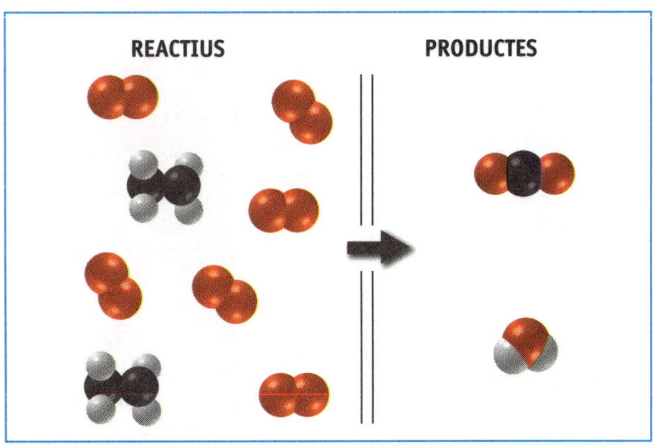

27. Ordena aquestes transformacions químiques de més a menys velocitat de reacció:

- ◯ Oxidació del ferro.
- ◯ Explosió d'un petard.
- ◯ Descomposició del plàstic.
- ◯ Combustió d'un paper.

28. Quina substància química és comuna a les reaccions següents: combustió, oxidació de metalls i respiració?

....

29. La capacitat frigorífica dels congeladors s'acostuma a indicar amb estrelles: com més en tinguin, més poder de congelació. Fixa-t'hi i contesta:

nre. d'estrelles	temperatura	temps de conservació dels aliments
*	Fins a −6 °C	1-2 dies
**	Fins a −12 °C	Fins a 3 dies
***	Fins a −18 °C	Fins a un mes
****	Fins a −24 °C	3 mesos o més

– Per què els aliments es conserven més temps en fred?

....

....

....

30. La respiració i la fermentació són reaccions bioquímiques. Què tenen en comú totes dues reaccions i en què es diferencien?

....

....

....

....

31. Ajusta les equacions químiques següents:

a) $Al + O_2 \rightarrow Al_2O_3$

....

b) $Al + HCl \rightarrow AlCl_3 + H_2$

....

c) $C_6H_6 + O_2 \rightarrow CO_2 + H_2O$

....

d) $Na_2O + H_2O \rightarrow NaOH$

....

RESPON A LA PREGUNTA INICIAL

Com canvia la matèria que ens envolta?

CONSOLIDA EL QUE HAS APRÈS

32. La matèria es pot transformar mitjançant canvis físics o químics.

a) Quines són les diferències més significatives entre un canvi físic i un canvi químic?

b) Posa un exemple de cada tipus de canvi:

33. La teoria de les col·lisions és un model senzill de la reacció química.

a) Descriu els aspectes principals de la teoria de les col·lisions:

b) Què és l'energia d'activació? Posa'n exemples:

34. Quins indicis són senyals que s'han produït substàncies noves en una reacció?

35. Indica amb una creu (X) les equacions químiques que estan ajustades:

- ◯ $H_2 + O_2 \rightarrow H_2O$
- ◯ $C + O_2 \rightarrow CO_2$
- ◯ $KCl + Pb(NO_3)_2 \rightarrow PbCl_2 + KNO_3$
- ◯ $Zn + H_2SO_4 \rightarrow ZnSO_4 + H_2$
- ◯ $Zn + CuSO_4 \rightarrow Cu + ZnSO_4$
- ◯ $HNO_3 + NaOH \rightarrow NaNO_3 + H_2O$

36. Completa els mots encreuats i en la columna senyalada apareixerà el nom d'un científic francès que és considerat el fundador de la ciència química:

Definicions:

1. Substància que accelera la velocitat d'una reacció, però que no és un reactiu.
2. Es trenquen i es formen en una reacció química.
3. Aportació d'energia inicial per començar una reacció química.
4. Reacció que desprèn energia.
5. Element químic necessari per a la respiració.
6. Oxidació molt intensa d'un combustible.
7. Representació simbòlica d'una reacció química.
8. Substància que neutralitza l'acció d'un àcid.
9. Substàncies obtingudes en una reacció química.

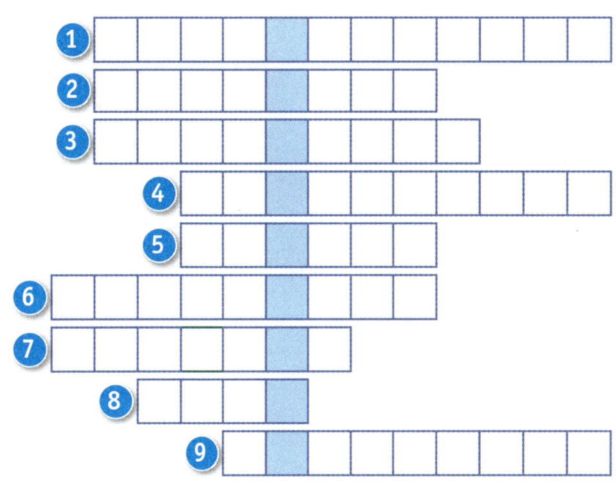

7 ESTEQUIOMETRIA

Com treballem amb reaccions químiques?

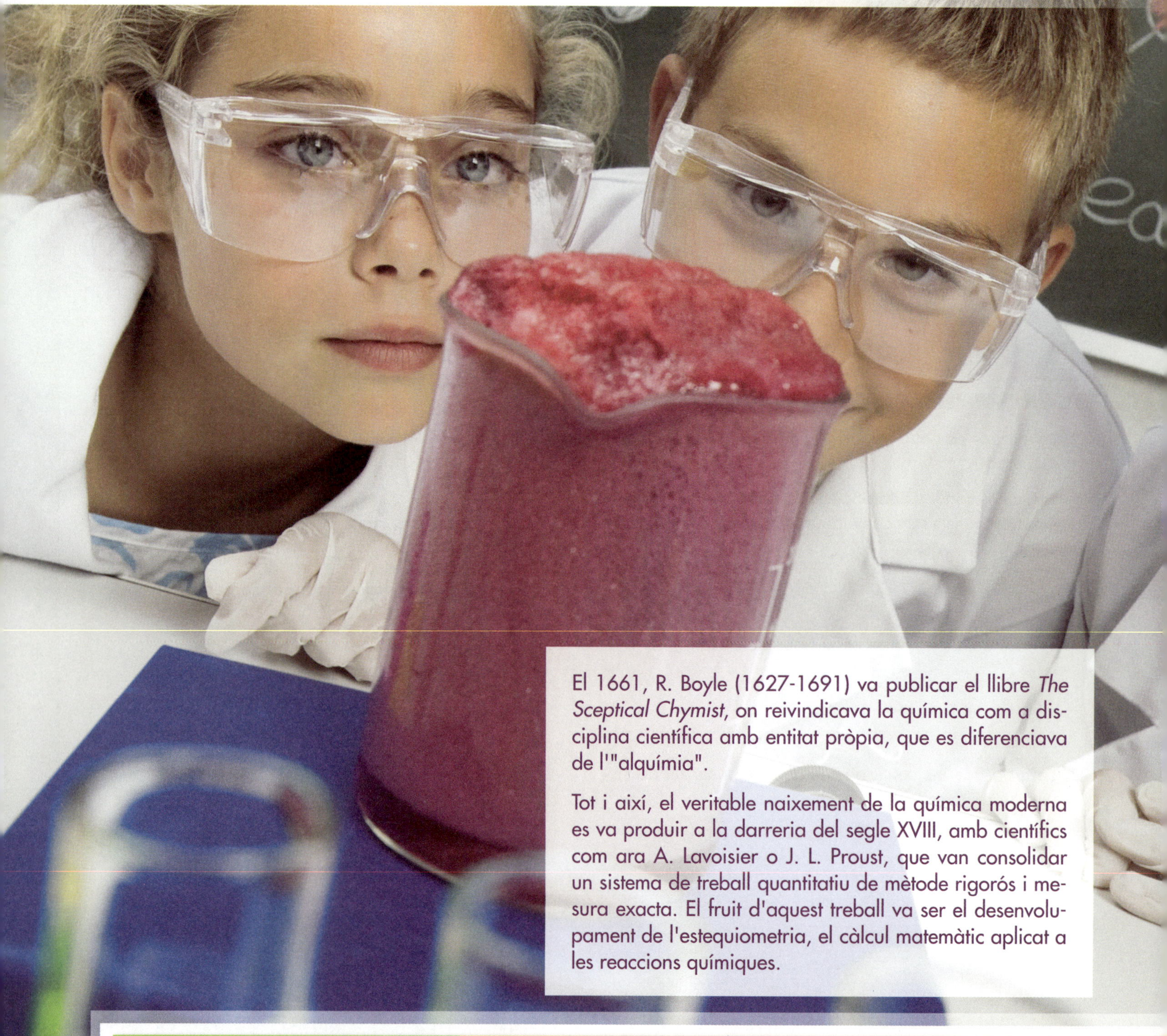

El 1661, R. Boyle (1627-1691) va publicar el llibre *The Sceptical Chymist*, on reivindicava la química com a disciplina científica amb entitat pròpia, que es diferenciava de l'"alquímia".

Tot i així, el veritable naixement de la química moderna es va produir a la darreria del segle XVIII, amb científics com ara A. Lavoisier o J. L. Proust, que van consolidar un sistema de treball quantitatiu de mètode rigorós i mesura exacta. El fruit d'aquest treball va ser el desenvolupament de l'estequiometria, el càlcul matemàtic aplicat a les reaccions químiques.

1660-1699

• 1661

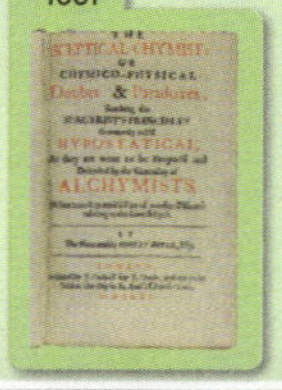

Química moderna.
El químic britànic R. Boyle (1627-1691) publica el llibre *The Sceptical Chymist*, on reivindica que la química és una ciencia amb entitat pròpia, tant pel mètode de treball com per l'objecte d'estudi.

1700-1799

1789 •

Llei de la conservació de la matèria.
El químic francès A. Lavoisier (1743-1794) estableix la llei de la conservació de la matèria, segons la qual la matèria ni es crea ni es destrueix, només es transforma.

Què sabem?

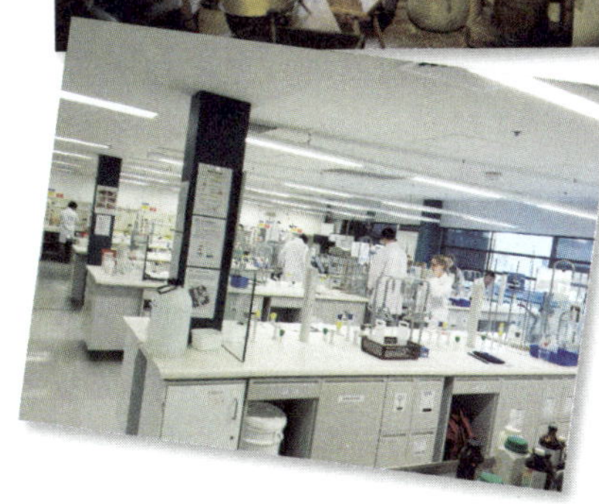

1. Fixa't en els laboratoris, un d'alquímia i un altre de química. Considera les diferències i les relacions entre totes dues disciplines:

....

....

....

....

....

....

2. Els alquimistes es van esforçar per obtenir or a partir de sofre, mercuri i sal. Comenta aquestes afirmacions:

– Els alquimistes van fabricar or, però actualment no sabem com ho van fer.

....

– Els alquimistes no ho van aconseguir perquè és químicament impossible.

....

3. El símbol que hi ha a les farmàcies prové de la mitologia grega. Busca'n el significat i anota'l:

....

....

....

....

4. Encercla el nom del científic que es considera el pare de la química, el seu llibre i l'any de publicació:

Lavoisier	*Naturalis Historia*	1661
Boyle	*Traité élémentaire de chimie*	1599
Tycho Brahe	*The Sceptical Chymist*	1786

1800-1899

1792

1795

Llei de les proporcions definides.
El farmacèutic i químic francès Louis Proust (1754-1826) va descobrir que, quan es combinen dos o més elements per obtenir un compost determinat, sempre ho fan en una relació constant de masses.

Estequiometria.
El químic alemany J. B. Richter (1762-1807) va establir les bases de l'estequiometria: "La ciència que mesura les proporcions quantitatives o relacions de massa dels elements químics que hi estan implicats (en una reacció química)".

1865

Primera estimació del nombre d'Avogadro.
El físic austríac J. Loschmidt (1821-1895) determina la densitat de partícules en un gas, paràmetre relacionat directament amb el nombre d'Avogadro. Per aquest motiu, el nombre d'Avogadro, a més de representar-se amb N_A, també es simbolitza amb la lletra L.

1 Lleis ponderals

- Les **lleis ponderals** expressen les relacions entre les masses de reactius i productes en una reacció química o entre les masses d'elements en un compost químic.
- El químic francès A. Lavoisier (1743-1794) va enunciar la **llei de la conservació de la massa** o llei de Lavoisier:
  - La massa de les substàncies presents al principi d'una reacció és igual a la massa de les substàncies presents al final d'aquesta reacció.
  - La massa de reactius que desapareixen en una reacció és igual a la massa de productes que es formen.
  - És una llei consistent amb el model atomicomolecular de la reacció química, en la qual els àtoms no desapareixen, només canvien de posició.
- El químic francès J. L. Proust (1754-1826) va enunciar la **llei de les proporcions definides** o llei de Proust:
  - Si dos elements o més es combinen per donar lloc a un compost determinat, sempre ho fan en una relació de masses constant.
  - Quan es forma un compost a partir dels seus elements, els àtoms de cada element s'uneixen en una proporció definida que, com que els seus àtoms tenen una massa fixa, es traduirà en una proporció definida de masses.
  - Una conseqüència de la llei de Proust és que qualsevol mostra d'un compost químic pur té la mateixa composició centesimal, és a dir, el percentatge en massa de cada element que forma el compost pren un valor fix.
  - El percentatge en massa d'un element A en una mostra es calcula:

$$\text{Percentatge d'element A} = \frac{\text{massa de A}}{\text{massa de la mostra}} \cdot 100\,\%$$

Llei de la conservació de la massa

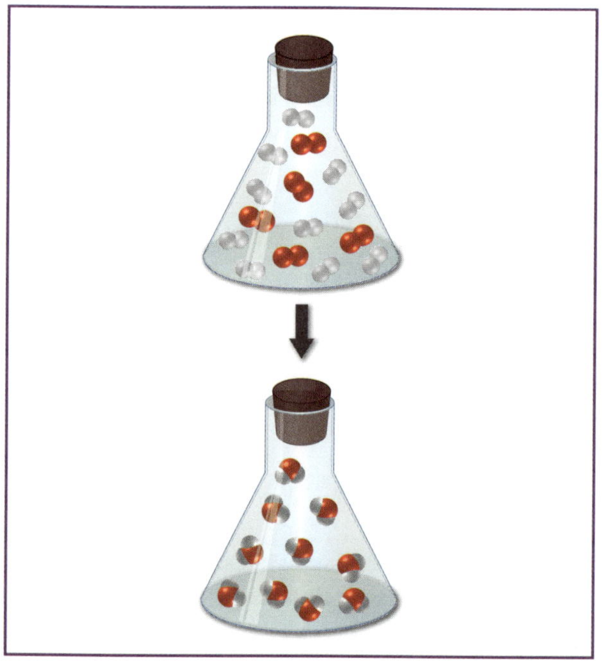

El nombre d'àtoms i la massa total es conserva en una reacció química.

Llei de les proporcions definides

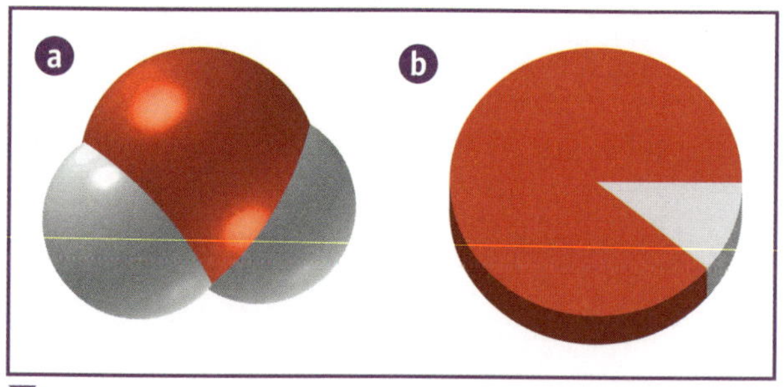

a) La proporció d'àtoms a l'aigua és de 2 d'hidrogen per 1 d'oxigen; b) La proporció en massa és 11,1 % d'hidrogen per 88,9 % d'oxigen.

5. Aquesta definició de les lleis ponderals és incorrecta. Corregeix-la:

Les lleis ponderals expressen les relacions entre les masses de compostos i substàncies en una reacció atòmica o entre el volum dels elements en una mostra química.

....

....

....

6. **Es produeix una variació de massa durant una reacció química? Explica-ho:**

....

....

....

7. **En un laboratori d'anàlisis químiques s'analitzen tres mostres d'òxids de ferro i s'obté:**

mostra	massa de la mostra (g)	massa de ferro (g)	massa d'oxigen (g)
A	22,3	17,4	4,9
B	17,6	12,3	5,3
C	25,5	19,8	5,7

– Calcula el percentatge de ferro en cada mostra:

a

b

c

– Les tres mostres són d'un mateix compost?

....

8. **L'anàlisi de quatre mostres d'òxids de crom va donar els resultats següents. Contesta:**

mostra	massa de la mostra (g)	massa de crom (g)
A	30,56	15,90
B	39,36	26,94
C	31,49	21,55
D	34,53	17,97

– Corresponen les quatre mostres a un mateix compost?

....

....

....

....

2 Mol i massa molar

- Els **àtoms** i les **molècules** són tan petits que, per poca quantitat de substància que hi hagi, el seu nombre és enorme.
- Fer servir nombres tan grans resulta incòmode i, per això, els científics han acordat utilitzar una unitat prou gran per mesurar la quantitat d'una substància.
- Actualment, la unitat de **quantitat d'una substància** (n) en el sistema internacional d'unitats és el **mol**, que correspon a la quantitat d'una substància que conté $6{,}02 \cdot 10^{23}$ partícules.

  –1 mol d'àtoms de coure, (Cu) = $6{,}02 \cdot 10^{23}$ d'àtoms de coure

  –1 mol de molècules de CO_2 = $6{,}02 \cdot 10^{23}$ molècules de CO_2
- El nombre $6{,}02 \cdot 10^{23}$ s'anomena nombre d'Avogadro, en honor al científic italià Amedeo Avogadro, el treball del qual va permetre desenvolupar el concepte de mol, i es representa amb N_A:

$$N_A = 6{,}02 \cdot 10^{23}$$

- Els científics han adoptat el nombre $6{,}02 \cdot 10^{23}$ com a unitat, i no un nombre enter més senzill (per exemple, 10^{20} o 10^{25}) perquè:
  - La massa de $6{,}02 \cdot 10^{23}$ àtoms d'un element coincideix amb el valor de la massa atòmica de l'element, en grams.
  - La massa de $6{,}02 \cdot 10^{23}$ molècules d'un compost químic coincideix amb la seva massa molecular.
- La massa d'un mol d'àtoms, molècules, etc., rep el nom de **massa molar**, se simbolitza amb M i té per unitat el gram per mol, g/mol.

$$1 \text{ mol de } A = M \text{ grams de } A$$

En una petita gota d'aigua hi ha uns 1 670 trilions ($1{,}67 \cdot 10^{21}$) de molècules d'aigua: 1 670 000 000 000 000 000 000 molècules.

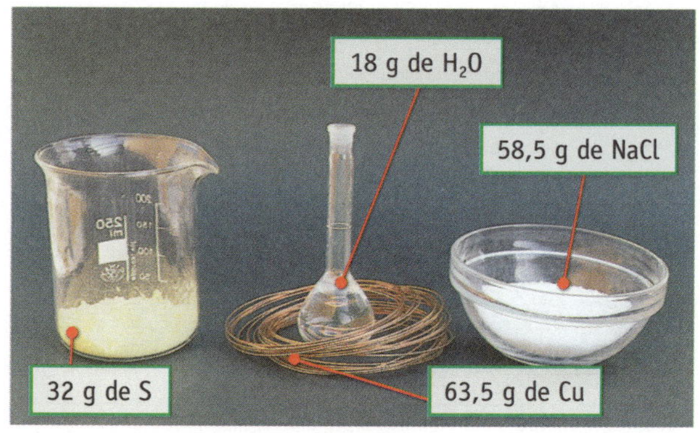

substància	fórmula	M (g/mol)
sofre	S	32
coure	Cu	63,5
aigua	H_2O	18
clorur de sodi	NaCl	58,5

Les masses d'aquestes substàncies són diferents entre elles, però totes corresponen a un mol de la substància indicada.

@ Amplia a la Xarxa...

Per practicar el càlcul de massa molar, visita: www.tiching.com/731993

9. Quina és la unitat per mesurar la quantitat de substància en el sistema internacional d'unitats? Marca amb una creu (X) la resposta correcta:

○ Avogadro ○ vectorial ○ mol ○ àtom

10. Ordena de més gran a més petita aquestes quantitats de plata:

○ 20 g ○ $5 \cdot 10^{22}$ àtoms ○ 0,5 mol ○ 15 g

11. Quantes partícules equivalen a un mol?

....

12. **Amedeo Avogadro (1776-1856) va permetre desenvolupar el concepte de mol. Investiga en què es basa la seva aportació:**

....

....

....

....

13. **Fixa't en l'exemple per calcular els mols de molècules d'aigua en 100 g i calcula quants mols hi ha en 100 g de sucre (sacarosa), $C_{12}H_{22}O_{11}$:**

La massa molar de l'aigua és $M(H_2O) = (2 \cdot 1 + 16)$ g/mol = 18 g/mol, per tant:

$$n_{H_2O} = 100 \text{ g } H_2O \cdot \frac{1 \text{ mol } H_2O}{18 \text{ g } H_2O} = 5{,}55 \text{ mol } H_2O$$

14. **Calcula la massa molar de les substàncies següents: SO_2, N_2, NH_3, Ni i $Al(OH)_3$:**

15. **Calcula la massa d'1,25 mols de cafeïna, substància la fórmula de la qual és $C_8H_{10}N_4O_2$:**

3 Càlculs de massa

- Una **equació química** es pot interpretar a escales **diferents**. Per exemple, considerem l'equació que representa la reacció de combustió del metà:

$$CH_4\,(g) \;+\; 2\,O_2\,(g) \;\rightarrow\; CO_2\,(g) \;+\; 2\,H_2O\,(l)$$

Escala atomicomolecular

- 1 molècula de CH_4 reacciona amb 2 molècules de O_2 i s'obtenen 1 molècula de CO_2 i 2 molècules de H_2O.
  - Aquesta interpretació segueix sent vàlida per a un nombre més gran de molècules, sempre que aquest nombre estigui en la proporció donada pels respectius coeficients estequiomètrics: 1 : 2 : 1 : 2.
  - Així, 1000 molècules de CH_4 reaccionen amb 2000 molècules de O_2 i s'obtenen 1000 molècules de CO_2 i 2000 molècules de H_2O.

Escala molar

- 1 mol de CH_4 reacciona amb 2 mol de O_2 i s'obtenen 1 mol de CO_2 i 2 mol de H_2O.
  - Com que només s'ha de mantenir la proporció, es pot arribar a un nombre tan gran de molècules com és el nombre d'Avogadro.
  - Així, $1 \cdot N_A$ molècules de CH_4 reaccionen amb $2 \cdot N_A$ molècules de O_2 i s'obtenen $1 \cdot N_A$ molècules de CO_2 i $2 \cdot N_A$ molècules de H_2O.
  - Així, els coeficients estequiomètrics d'una equació química indiquen la proporció en mols en què reaccionen els reactius i s'obtenen els productes.

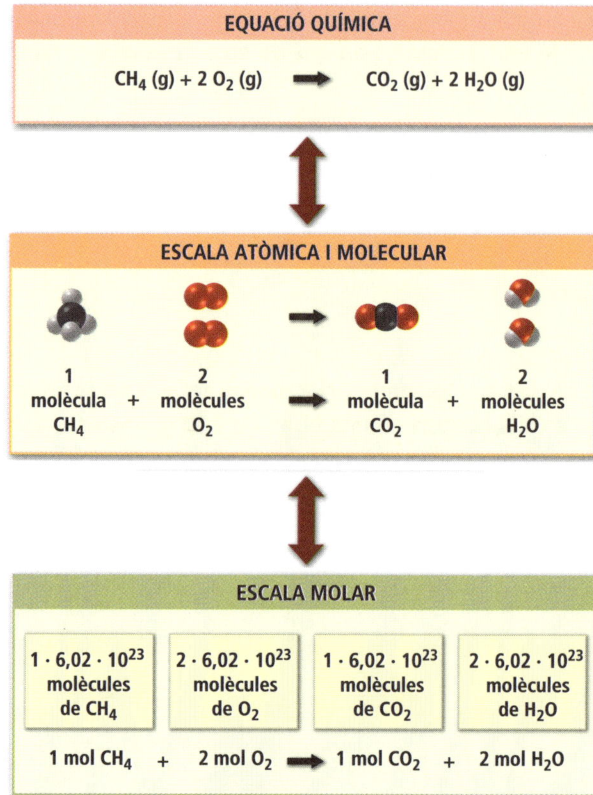

Les proporcions estequiomètriques s'han de complir tant a escala de pocs àtoms i molècules, com de mols d'àtoms i molècules.

- A partir de l'equació química ajustada es fan els **càlculs estequiomètrics**, és a dir, es troba la quantitat de producte que es pot obtenir a partir d'una certa quantitat de reactiu o, inversament, el reactiu necessari per obtenir una quantitat de producte.
- L'**estratègia** més general per fer **càlculs de massa** consta de tres passos:
  1. Convertir la massa A (producte o reactiu) en mols. Per portar a terme aquesta conversió, s'utilitza la massa molar de A.
  2. A partir dels mols de A, calcular el nombre de mols de B (reactiu o producte) utilitzant els coeficients estequiomètrics de l'equació ajustada.
  3. Convertir els mols de B en massa de B utilitzant la massa molar.

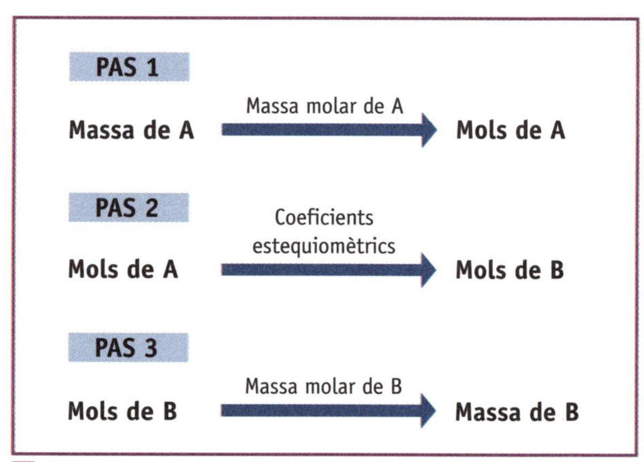

Passos del càlcul estequiomètric.

16. **Fixa't en l'exemple i en l'activitat resolta:**

L'electròlisi del clorur de sodi fos produeix sodi i clor, segons la reacció:

$$2\ NaCl\ (l) \rightarrow 2\ Na\ (s) + Cl_2\ (g)$$

Calcula la massa de Cl_2 que s'obtindria a partir de 500 g de NaCl.

Calculem la massa molar de cada substància present en la reacció:

$$M\ (NaCl) = (23 + 35{,}5)\ g/mol = 58{,}5\ g/mol;$$
$$M\ (Na) = 23\ g/mol;$$
$$M\ (Cl_2) = 2 \cdot 35{,}5\ g/mol = 71\ g/mol$$

Primer passem la massa de NaCl a mols, a partir de la seva massa molar:

$$n_{NaCl} = 500\ g\ \cancel{NaCl} \cdot \frac{1\ mol\ NaCl}{58{,}5\ g\ \cancel{NaCl}} = 8{,}5\ mol\ NaCl$$

Després, com que per cada dos mols de NaCl se n'obté un de Cl_2, tindríem que, a partir dels 500 g de NaCl, s'obtenen:

$$n_{Cl_2} = 8{,}5\ \cancel{mol\ NaCl} \cdot \frac{1\ mol\ Cl_2}{2\ \cancel{mol\ NaCl}} = 4{,}25\ mol\ Cl_2$$

Finalment, per saber a quina massa de Cl_2 corresponen aquests mols:

$$m_{Cl_2} = 4{,}25\ \cancel{mol\ Cl_2} \cdot \frac{71\ g\ Cl_2}{1\ \cancel{mol\ Cl_2}} = 301{,}7\ g\ Cl_2$$

17. **El butà, de fórmula molecular C_4H_{10}, és un combustible d'ús domèstic molt habitual que es comercialitza en bombones de mides diferents.**

La combustió del butà es descriu en aquesta equació: $2\ C_4H_{10}\ (g) + 13\ O_2\ (g) \rightarrow 8\ CO_2\ (g) + 10\ H_2O\ (l)$

a) Calcula la massa d'aigua produïda en la combustió de 10 kg de butà.

b) Determina la massa d'oxigen necessària per cremar els 10 kg de butà.

a

b

c) Quina massa de diòxid de carboni es produeix en cremar aquests 10 kg de butà?

....

18. **Calcula la massa de NaCl necessària per obtenir 100 g de Na:**

4 Càlculs amb volums

- Quan alguna de les substàncies que intervenen en una reacció química, reactiu o producte, és un **líquid**, es pot expressar la seva quantitat en forma de **volum**:
  - La densitat (ρ) de la substància relaciona massa (*m*) i volum (*V*):

$$V = \frac{m}{\rho} \Leftrightarrow m = V \cdot \rho$$

- En moltes reaccions químiques hi intervenen **gasos** i, de la mateixa manera que els líquids, és habitual expressar-ne les quantitats en forma de volum.
- No obstant això, el **volum** d'una quantitat de gas determinada no és un valor fix, perquè depèn de la **pressió** i de la **temperatura**.
- Una manera usual de treballar amb gasos és a una pressió d'**1 atm** i a una temperatura de **0 °C** (273 K), les anomenades **condicions normals**. En aquestes condicions, 1 mol de qualsevol gas ocupa un volum de **22,4 dm^3**.
- Entre les molècules dels gasos hi ha molt d'**espai buit** (que és veritablement el que es considera com a volum del gas), de manera que la mida insignificant de les molècules no té importància.
- Per saber la quantitat de reactiu que reacciona, és indispensable conèixer la **concentració de la solució**. A partir del concepte de **mol**, afegim una manera nova d'expressar la concentració:
- La **concentració molar** o **molaritat** indica els mols de solut dissolts en un litre de solució (mol/L o mol/dm^3):

$$\text{Concentració molar (mol/L)} = \frac{\text{mols de solut}}{\text{litres de solució}}$$

- Normalment s'utilitzen algunes abreviacions:
  - Una fórmula entre claudàtors, [NaCl], significa que es tracta d'una solució amb una concentració expressada en molaritat.
  - La unitat mol/L o mol/dm^3 s'acostuma a escriure amb la lletra M. Així, una solució aquosa de clorur de sodi de concentració 0,2 mol/L s'escriu [NaCl] = 0,2 M.

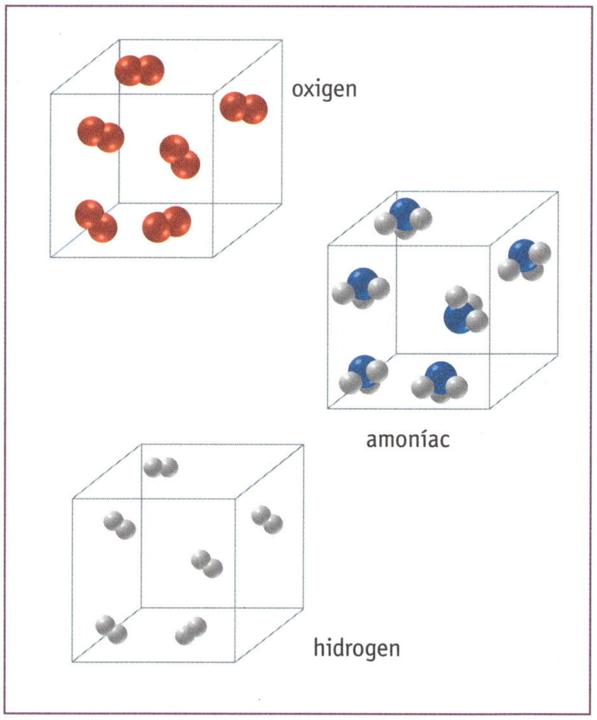

Un mol de qualsevol gas mesurat en condicions normals ocupa un volum de 22,4 L, que és la capacitat d'un cub de 28,2 cm d'aresta.

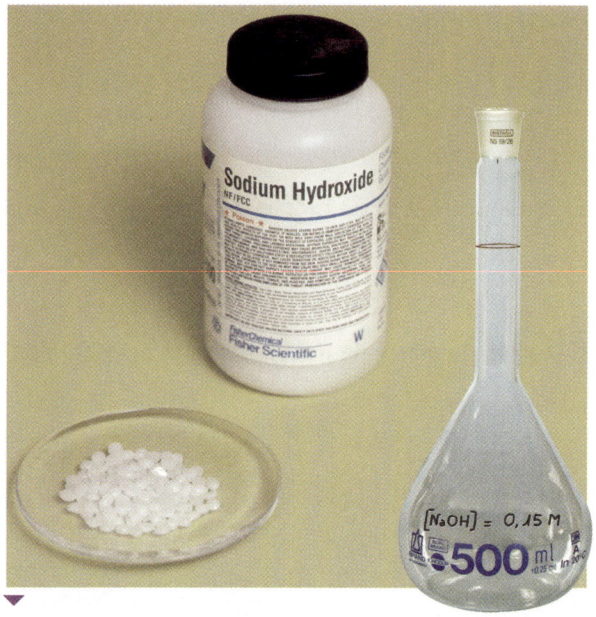

La unitat de la molaritat és mol/L, però s'acostuma a simbolitzar amb la lletra *M*.

@ Amplia a la Xarxa...

Per calcular masses i volums en les reaccions químiques, consulta: www.tiching.com/731995

19. **Fixa't en l'exemple i fes les activitats:**

Es prepara una solució de clorur de sodi (NaCl) dissolent 40 g de NaCl en aigua fins a obtenir dos litres de solució. Troba'n la concentració molar:

Primer, calculem quants mols són els 40 g de NaCl. Com que M (NaCl) = 58,5 g/mol:

$$n_{NaCl} = 40 \text{ g } \cancel{\text{NaCl}} \cdot \frac{1 \text{ mol NaCl}}{58{,}5 \text{ g } \cancel{\text{NaCl}}} = 0{,}68 \text{ mol NaCl}$$

La molaritat és:

$$[NaCl] = \frac{n_{NaCl}}{V \text{ dis.}} = \frac{0{,}68 \text{ mol NaCl}}{2 \text{ L dis.}} = 0{,}34 \text{ mol/L} = 0{,}34 \text{ M}$$

20. **L'àcid nítric, HNO_3, es pot preparar segons:**
N_2O_5 (g) + H_2O (l) → 2 HNO_3 (l)

– Quin volum de HNO_3 s'obté a partir de 500 g de N_2O_5? (La densitat de l'àcid nítric és d'1,5 g/cm^3.)

21. **Dissolem 25 g d'hidròxid de sodi (NaOH) en aigua fins a obtenir 500 cm^3 de solució.**

– Quina és la concentració molar de la solució?

22. **En la reacció de l'hidròxid de sodi (NaOH) amb HCl s'obté NaCl, segons:**
NaOH + HCl → NaCl + H_2O

– Quin volum de solució de NaOH 1 mol/L s'ha de fer reaccionar per obtenir 10 g de NaCl?

23. Explica per què aquesta frase no és certa:

> La descomposició electrolítica de 100 g de bromur de potassi (KBr) produeix 39 g de potassi i 80 g de brom.

....

....

....

....

....

....

24. A partir d'una mostra de 42,5 g d'un òxid de plom es van obtenir 36,8 g de plom. Calcula la composició centesimal de l'òxid de plom de la mostra:

a) Quina massa de plom es podria obtenir a partir de 472 g d'òxid de plom?

b) Quina massa d'òxid de plom s'hauria de tractar per obtenir 1 kg de plom?

25. Completa la taula següent:

fórmula	quantitat de substància (mol)	massa (g)
H_2O	2,50	
CO_2		186
NH_3	1,24	
H_2SO_4		450
NaOH	0,92	

26. Ordena de més gran a més petita les quantitats d'or següents:

◯ 100 g ◯ 1,5 mol ◯ 10^{22} àtoms

27. Quina massa de nitrat de potassi (KNO_3) hi ha en 0,5 mol de KNO_3? I quina massa de cada element: K, N i O?

28. Calcula, per a la preparació de diclorur de calci:

$$CaO + 2\ HCl \rightarrow CaCl_2 + H_2O$$

a) Els mols de $CaCl_2$ que s'obtindran a partir de 0,25 mols de CaO i HCl en excés:

b) Els mols de CaO i de HCl que caldran per obtenir 4 mols de $CaCl_2$:

RESPON A LA PREGUNTA INICIAL

Com treballem amb reaccions químiques?

....

....

....

....

....

....

....

....

CONSOLIDA EL QUE HAS APRÈS

29. Descriu un procediment experimental per demostrar que en la combustió del cotó es compleix la llei de la conservació de la massa:

> Quan es crema cotó, es produeixen gasos i cendra. Aparentment desapareix massa perquè les cendres pesen molt menys que el cotó.

....

....

....

....

....

....

30. Indica en quines reaccions es podria comprovar la llei de la conservació de la massa encara que la reacció es fes en un recipient obert:

- ◯ $2\ Cu\ (s) + O_2\ (g) \rightarrow 2\ CuO\ (s)$
- ◯ $CaO\ (s) + H_2O\ (l) \rightarrow Ca(OH)_2\ (s)$
- ◯ $CaCO_3\ (s) \rightarrow CaO\ (s) + CO_2\ (g)$
- ◯ $Zn\ (s) + H_2SO_4\ (aq) \rightarrow ZnSO_4\ (aq) + H_2\ (g)$
- ◯ $NaCl\ (aq) + AgNO_3\ (aq) \rightarrow AgCl\ (s) + NaNO_3\ (aq)$

31. La descomposició electrolítica de l'aigua produeix oxigen i hidrogen, segons la reacció $2\ H_2O \rightarrow 2\ H_2 + O_2$. En descompondre 27 g d'aigua (H_2O), què s'obté?

- ◯ 13,5 g d'hidrogen i 13,5 g d'oxigen.
- ◯ 18 g d'hidrogen i 9 g d'oxigen.
- ◯ 3 g d'hidrogen i 24 g d'oxigen.

32. Relaciona cada fórmula amb la seva massa molar:

SO_3 •	• 17 g/mol
PH_3 •	• 28 g/mol
NaOH •	• 34 g/mol
CO •	• 34 g/mol
H_2SO_4 •	• 40 g/mol
H_2S •	• 44 g/mol
CO_2 •	• 80 g/mol
NH_3 •	• 98 g/mol

33. Indica si aquestes afirmacions són veritables o falses:

> En una reacció química sempre...

- ◯ ... es desprèn calor.
- ◯ ... es conserva la massa.
- ◯ ... es conserva el nombre de mols.
- ◯ ... es conserva el nombre d'àtoms.
- ◯ ... es reorganitzen els enllaços.

34. Quina característica d'una substància líquida s'ha de conèixer per poder utilitzar el volum de substància en comptes de la seva massa?

....

....

35. Quines són les condicions normals de pressió i temperatura? Quina utilitat tenen en el càlcul químic?

....

....

8 QUÍMICA, TECNOLOGIA I SOCIETAT

Com influeix la química en la societat?

La humanitat sempre ha aprofitat els recursos naturals disponibles per millorar el seu benestar.

No obstant això, poques matèries primeres s'utilitzen tal com es troben a la natura. Gairebé totes les substàncies que fem servir cada dia han estat modificades mitjançant transformacions físiques i químiques.

En aquest tema estudiaràs com els productes químics contribueixen a millorar la nostra qualitat de vida, però sense oblidar que la seva fabricació i consum són causa de problemes mediambientals importants, com ara el forat de la capa d'ozó, l'augment de l'efecte d'hivernacle o el canvi climàtic.

Els plàstics són materials que actualment es fan servir per fabricar gairebé qualsevol objecte.

1850-1899

1859 · Petroli. El primer pou de petroli es va perforar el 1859 a la població de Titusville (Pennsilvània) als EUA.

1881 · Vacuna. El químic francès Louis Pasteur (1822-1895) va preparar la primera vacuna utilitzant gèrmens infecciosos afeblits.

1887 · Aspirina. El farmacèutic alemany Felix Hoffmann (1868-1946) sintetitza l'àcid acetilsalicílic, un compost analgèsic i antipirètic que el 1899 es comercialitza amb el nom d'Aspirina.

1909 · Plàstics. El químic belga Leo H. Baekeland (1863-1944) sintetitza un plàstic resistent a la calor, que anomena *baquelita*. S'inicia el desenvolupament de la indústria dels plàstics.

Què sabem?

1. **Busca informació sobre els analgèsics de les imatges i escriu com i quan es van obtenir per primera vegada:**

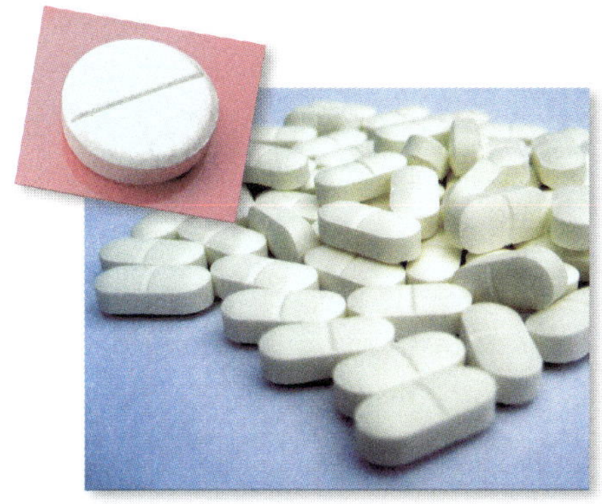

L'aspirina i el paracetamol són els dos analgèsics (fàrmacs que actuen contra el dolor) més habituals en una farmaciola.

2. **Investiga quins productes de neteja feu servir a casa. Llegeix les etiquetes i anota el nom dels compostos químics que contenen. Són gaire variats?**

3. **Escriu una llista de productes que deriven del petroli:**

4. **Fixa't en la línia del temps inferior i explica què és el forat d'ozó:**

1900-1999

1930 Primera refineria espanyola.
La primera refineria de petroli a Espanya va ser construïda per la Compañía Española de Petróleos S.A. (CEPSA) a Santa Cruz de Tenerife (Canàries).

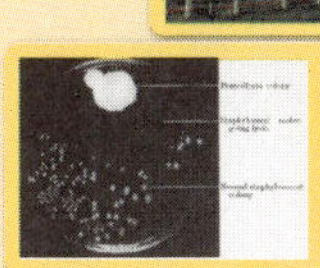

1928 Penicil·lina.
El bacteriòleg escocès Alexander Fleming (1881-1955) descobreix la penicil·lina.

1931 Niló.
El químic nord-americà W.H. Carothers (1896-1937) obté la primera fibra completament sintètica, comercialitzada amb el nom de *niló*, que va tenir una gran acceptació pel fet de tenir propietats semblants a la seda.

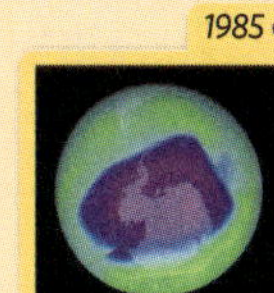

1985 Forat d'ozó.
Es descobreix que la concentració de l'ozó estratosfèric està molt disminuïda a l'Antàrtida. El fenomen és anomenat "forat de la capa d'ozó".

1 Matèries primeres de la indústria química

- La **indústria química** aprofita les substàncies disponibles en el medi natural, les **matèries primeres**, les sotmet a transformacions físiques i químiques i obté productes adequats per a la seva utilització:
  - Alguns components de l'aire (**oxigen** i **nitrogen**).
  - **Aigua** (com a dissolvent, reactiu, refrigerant, netejador).
  - **Minerals**: substàncies naturals inorgàniques de composició química definida, a partir dels quals s'obtenen els metalls.
  - **Roques**: agregats de partícules minerals de composició variable. S'aprofiten com a materials de **construcció** (granit, marbre, pissarra, etc.), per fabricar altres materials, com ara el **ciment** (argila i roca calcària) o les ceràmiques (argila, caolí). El carbó i el petroli són roques utilitzades com a combustibles.
  - **Matèries primeres** d'**origen vegetal** o **animal** (cautxús, olis, resines, essències, fusta...).

Menes d'alguns metalls

mineral	compost	metall
hematites	Fe_2O_3	ferro
calcopirita	$CuFeS_2$	coure
blenda	ZnS	zinc
bauxita	$Al_2O_3 \cdot 2\ H_2O$	alumini
cassiterita	SnO_2	estany
cinabri	HgS	mercuri
galena	PbS	plom
sal gemma	$NaCl$	sodi

Els combustibles

- El 80 % de l'**energia** consumida a Espanya prové de cremar **combustibles fòssils**: carbó, gas natural i petroli (50 % del total).
  - **Carbó**. De les **mines** s'extreuen diversos carbons, amb diferents percentatges de carbó: turba (60 %), lignit (70 %), hulla (80 %) i antracita (90 %).
  - **Petroli**. És una **mescla** complexa d'**hidrocarburs** (compostos de carboni i hidrogen) i alguns compostos de sofre, oxigen i nitrogen.
  - **Gas natural**. És una **mescla gasosa** de composició variable, el component principal del qual és el **metà** (CH_4).

Origen de l'energia a Espanya

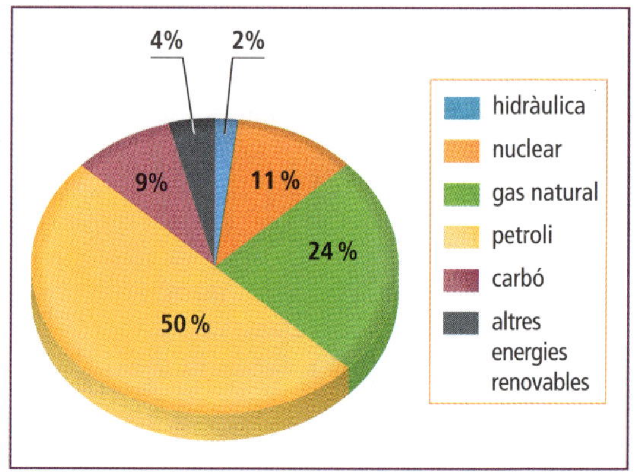

@ Amplia a la Xarxa...

Observa una infografia sobre el gas natural a: www.ticing.com/731996

5. **Quins són els grups principals de matèries primeres? Esmenta'ls i posa'n exemples:**

....

....

....

....

....

....

6. **Per obtenir energia, per què és preferible cremar gas natural que petroli?**

....

....

7. **Fixa't en l'extracció de les matèries primeres següents i escriu tres productes derivats de cada una:**

....

....

....

8. **Escriu roca (R) o mineral (M) on correspongui:**

◯ granit ◯ quars ◯ marbre ◯ argila

◯ calcita ◯ pissarra ◯ grafit ◯ pirita

9. **El 4 % de l'energia generada a Espanya és renovable. Explica quin tipus de fonts d'energia renovables s'utilitzen i considera per què es fan servir en un percentatge tan petit comparat amb d'altres:**

....

....

....

10. **Què és un hidrocarbur? Marca amb una creu (X) l'opció correcta:**

◯ Mescla gasosa de composició variable. ◯ Compost de carboni i hidrogen.

◯ Destil·lació fraccionada de l'aire. ◯ Carbó mesclat amb aigua.

11. **Quins metalls es poden obtenir de cada un dels minerals següents?**

Hematites ....

Bauxita ....

Galena ....

Blenda ....

Calcopirita ....

2 El petroli

- El **petroli** és una **mescla** d'**hidrocarburs** l'origen del qual és la descomposició de restes d'éssers vius (plàncton), acumulades en fons marins de poca profunditat fa milions d'anys.
- Els **jaciments** de petroli es troben a terra ferma o al fons de mars i oceans, però sempre en **terrenys sedimentaris**.
- El **petroli cru** extret dels pous i de les plataformes se sotmet a un procés de refinació a les refineries de petroli. Consta de dues fases:
  1. La **destil·lació fraccionada** del petroli, que es porta a terme a les torres de fraccionament, en les quals el petroli s'introdueix per la base, a una temperatura de 350 °C.
     – Els components més volàtils es vaporitzen, pugen i es condensen a diferents altures segons la seva temperatura d'ebullició. El residu de la primera destil·lació es torna a destil·lar a més temperatura i menys pressió.
  2. Les fraccions obtingudes se sotmeten a transformacions químiques per produir substàncies intermèdies. Processos principals:
     – El **craqueig** o *cracking* és un procés químic que trenca molècules grans, com ara les que formen el querosè o el gasoil, en d'altres de més petites, i que són la base de les gasolines.
     – La **reformació** o *reforming* és un procés químic que millora la qualitat de les gasolines obtingudes per destil·lació o craqueig.
- La **petroquímica** és una branca de la indústria química que té per objecte l'obtenció de substàncies mitjançant reaccions químiques a partir de les diverses fraccions del petroli o del gas natural.
- Cada any es consumeixen uns **4500 milions de tones de petroli**, de les quals 60 milions corresponen a Espanya. Un substitut són els **biocombustibles**, obtinguts de residus agrícoles.

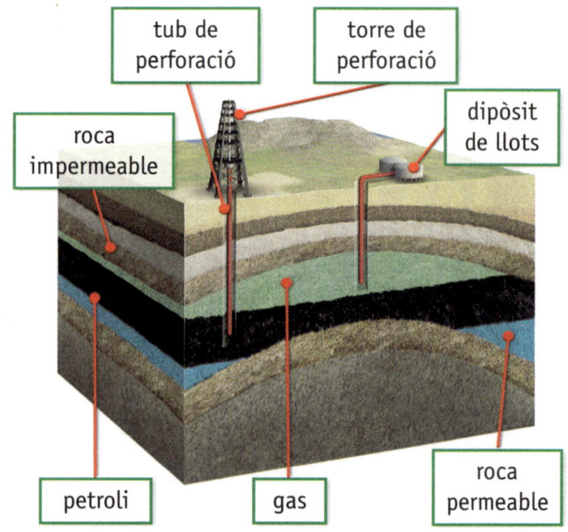

Pou petrolífer a terra ferma.

Productes derivats del petroli
anticongelants, combustibles, additius per a combustibles i olis lubricants
insecticides
gomes i pneumàtics
resines, plastificants i dissolvents
plàstics d'emmotllament i escumes
fibres sintètiques
explosius i detergents

12. **Al mapa s'indiquen les regions dels principals jaciments petrolífers. Compara'l amb un mapa polític i localitza alguns països amb més recursos petrolífers:**

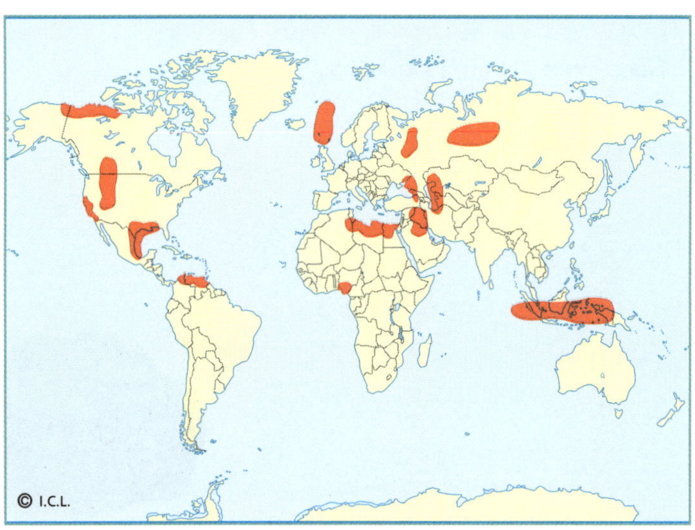

....

....

....

....

....

....

....

....

13. **Comenta els riscos mediambientals de l'extracció i el transport del petroli:**

....

....

....

....

....

....

....

....

....

....

14. **Fixa't en l'esquema sobre la destil·lació fraccionada del petroli i contesta les preguntes:**

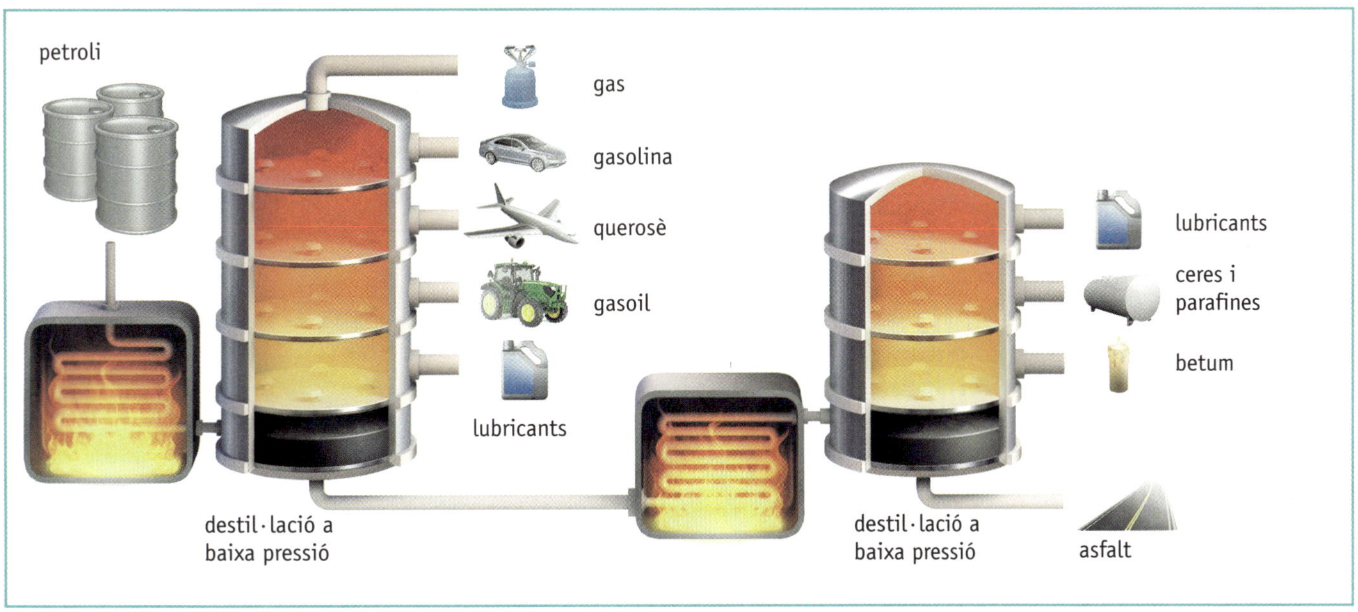

– Quines són les fraccions més importants de la destil·lació del petroli?

....

....

– Què és la destil·lació fraccionada el petroli?

....

....

3 La indústria farmacèutica

- Una de les grans aportacions de la química a la nostra qualitat de vida és la síntesi de medicaments:
  - **Vacunes**. Les vacunes actuals reprodueixen només petits trossos de l'agent infecciós, suficients per estimular el sistema immunològic, amb riscos menors.
  - **Analgèsics**. Alleugen el malestar causat per moltes malalties, però no les curen.
  - **Antibiòtics**. Actuen contra els bacteris.
- Molts ingredients actius dels medicaments es podrien extreure de productes naturals, però s'acostumen a sintetitzar en un laboratori per diversos motius:
  - **Tècnics**. És més fàcil de controlar la puresa d'un producte sintètic que la d'un d'origen natural.
  - **Econòmics**. Els productes sintetitzats al laboratori acostumen a tenir un cost menor que els productes naturals.
  - **Ecològics**. Els ingredients actius naturals estan en baixes concentracions. Per obtenir el medicament s'haurien de destruir molts espècimens.
- Els medicaments poden provocar:
  - **Efectes secundaris** i **al·lèrgies**. A una persona al·lèrgica a l'àcid acetilsalicílic, prendre una aspirina li ocasiona perjudicis greus.
  - **Interaccions**. El consum d'analgèsics i alcohol inflama la mucosa de l'estómac, fet que pot provocat úlceres i sagnat.
- Els **consum abusiu** i incorrecte d'antibiòtics està gestant un **problema per a la salut** pública global: la resistència bacteriana. Els bacteris s'adapten als antibiòtics i deixen de tenir efecte. Els pacients han de:
  - **No automedicar-se**. Moltes infeccions, com ara el refredat o la grip, són d'origen víric, i els antibiòtics no són eficaços contra aquestes infeccions.
  - **Seguir la pauta de dosi** i els **horaris** prescrits. Si se'n pren menys, augmenta la resistència bacteriana, i si se'n pren més, augmenten els efectes secundaris.
  - **Completar el tractament** prescrit. Si s'abandona el tractament abans de temps, els bacteris es poden fer resistents i reactivar la malaltia: són les anomenades recaigudes.

El 1881, un científic francès, Louis Pasteur (1822-1895), va preparar vacunes utilitzant agents infecciosos debilitats.

Alexander Fleming (1881-1955) va ser el descobridor del primer antibiòtic: la penicil·lina.

15. Relaciona:

analgèsic •	• Reprodueix petits trossos de l'agent infecciós, suficients per estimular el sistema immunològic.
antibiòtic •	• Alleuja el malestar causat per moltes malalties, però no les cura.
vacuna •	• Actua contra els bacteris.

16. Llegeix el text i contesta les preguntes:

L'àcid acetilsalicílic, component actiu de l'aspirina, es pot obtenir a partir de l'àcid salicílic de l'escorça del salze.

Però, quants boscos de salzes s'haurien de destruir per obtenir els 50 000 000 kg d'àcid salicílic necessaris per fabricar les aspirines que es consumeixen cada any al món?

– Per què la majoria de medicaments es fabriquen als laboratoris?

....

....

– Què passaria si s'extraguessin tots els medicaments que es prenen actualment de les plantes silvestres?

....

....

17. És el mateix efectes secundaris que interaccions? Llegeix el prospecte d'algun analgèsic que contingui paracetamol i extreu la informació sobre els seus possibles efectes secundaris i interaccions:

INDICACIONS
Alleujament simptomàtic dels processos catarrals i gripals que cursen amb dolor lleu o moderat, febre i congestió nasal.
CONTRAINDICACIONS
Aquest medicament no s'ha d'utilitzar en cas d'al·lèrgia a salicilats o a algun dels components d'aquest preparat, úlcera gastroduodenal o molèsties gàstriques de repetició, hemofília o problemes de coagulació sanguínia, teràpia conjunta amb anticoagulants orals, insuficiència renal i /o hepàtica, durant els tres últims mesos de l'embaràs, ni en nens menors de 6 anys.
PRECAUCIONS
En persones amb trastorns digestius de flatulència, deixeu dissoldre bé el comprimit fins a la desaparició de l'efervescència.
En cas d'administració continuada, preveniu el metge o odontòleg davant de possibles intervencions quirúrgiques.
No excediu la dosi recomanada.
Consulteu el metge per a tractaments de més de cinc dies.
INTERACCIONS
- Pot potenciar l'efecte dels anticoagulants orals i antidiabètics orals, l'acció dels depressors del sistema nerviós central, hipnòtics, sedants i dels anticolinèrgics.
- No administreu amb fàrmacs potencialment ulcerògens (alcohol, corticoides).
- Eviteu administrar juntament amb probenecid.
- Administrat amb metotrexat pot produir una depressió intensa de la medul·la òssia.
- Consulteu el metge o farmacèutic si esteu prenent una altra medicació.
- Pot interferir amb les proves cutànies que utilitzen al·lèrgens. Es recomana suspendre la medicació un mínim de 3 dies abans de començar les proves i informar-ne el metge.
- També pot interferir amb les determinacions d'àcid úric, glucosa, àcid vanilmandèlic i àcid 5-hidroxindolacètic (5-HIIA) en orina. Informeu el metge si esteu prenent aquest medicament.

....

....

....

....

....

18. Les autoritats sanitàries, per reduir costos, recepten medicaments genèrics, és a dir, sense marca, però amb la mateixa composició química. Contesta les preguntes:

– Per què són més barats que els medicaments amb marca?

....

....

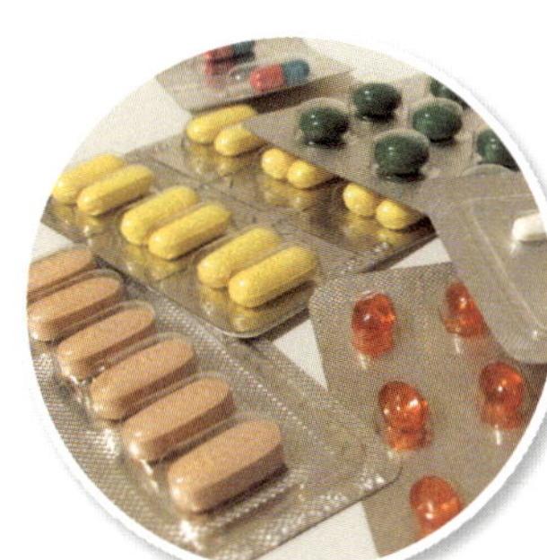

– Per què és convenient que el cost dels medicaments sigui reduït?

....

....

4 Contaminació del medi ambient

- Els residus gasosos i els fums de combustió són les causes principals de la **contaminació atmosfèrica**.
  - Diàriament respirem uns 15 kg d'aire amb més o menys substàncies contaminants potencialment nocives.
  - L'acumulació de certs contaminants a l'atmosfera està produint un **canvi climàtic global**.
- Contaminants com ara el diòxid de sofre (SO_2), els òxids de nitrogen (NO i NO_2), el monòxid de carboni (CO), els clorofluorocarbonis, etc., tenen efectes secundaris sobre el medi.
- L'**aigua de l'atmosfera** pot dissoldre gasos, com ara el diòxid de sofre (SO_2) i els òxids de nitrogen (NO i NO_2), que es transformen en àcid sulfúric (H_2SO_4) i àcid nítric (HNO_3). Així es forma la **pluja àcida**, que quan cau causa:
  - **Acidificació del sòl**. Desapareixen zones boscoses.
  - **Acidificació de rius i llacs**. Efecte negatiu sobre la fauna.
  - **Corrosió de façanes i escultures**. La roca calcària i el gres es descomponen perquè contenen carbonat de calci.
- El fenomen que manté la temperatura de la Terra gràcies a l'atmosfera s'anomena **efecte d'hivernacle**.
  - Un dels gasos principals d'efecte d'hivernacle és el **diòxid de carboni** (CO_2).
  - Si la quantitat de CO_2 se segueix incrementant, augmentarà la temperatura mitjana de la Terra, l'anomenat **escalfament global**, que comportarà efectes catastròfics.
- La **capa d'ozó** és la franja atmosfèrica compresa entre els 25 km i els 35 km d'altura.
  - S'encarrega de filtrar la **radiació ultraviolada** del Sol.
  - La disminució d'aquesta capa és el **forat de la capa d'ozó**.
- L'ús que fem de l'**aigua** la contamina i s'ha de tractar en plantes depuradores. L'aigua consumida torna contaminada al mar.
- La contaminació del **sòl** pertorba la cadena tròfica i pot provocar efectes irreversibles en tot l'ecosistema.

Moltes ciutats estan recobertes de boira contaminant.

@ Amplia a la Xarxa...

Observa una infografia sobre l'efecte d'hivernacle a: www.tiching.com/732604

19. **Per què es contamina el medi ambient?**

....

....

....

20. **Explica els efectes més destacats de la contaminació de l'atmosfera:**

....

....

21. **Fixa't en el fenomen de l'efecte d'hivernacle i explica'l:**

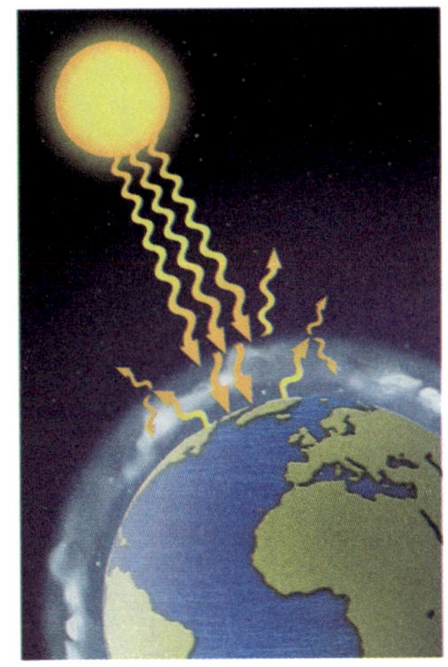

....

....

....

....

– Què significa que està en augment? Quines conseqüències té?

....

....

22. **Llegeix el text i fes l'activitat:**

L'Organització Mundial de la Salut (OMS) recomana que la concentració de cadmi en l'aigua potable no sigui superior a 3 mg/m^3; la dosi letal de cadmi és d'1 g, aproximadament.

Una persona beu, de mitjana, uns 2 L d'aigua cada dia.

– Calcula la massa de cadmi que ingereix anualment si la concentració de cadmi en l'aigua que beu és de 3 mg/m^3:

23. **Les imatges representen l'evolució del forat de la capa d'ozó. Comenta'n el significat:**

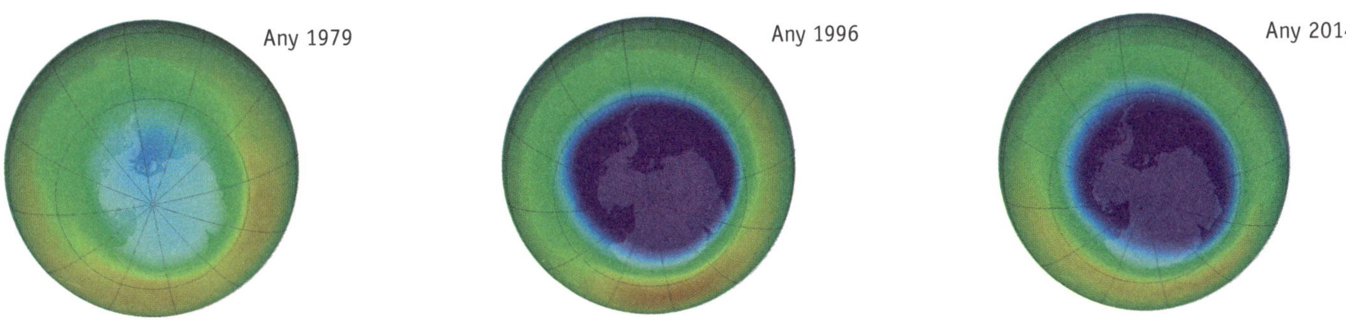

....

....

....

5 Residus i reciclatge

- En la **societat de consum** actual cada dia es produeixen i es llencen tones de materials.
- Les propietats dels **plàstics** resulten inconvenients com a residu. No es degraden fàcilment, romanen en el medi ambient durant molt de temps i desprenen substàncies contaminants.
- Els plàstics de rebuig es poden sotmetre a un dels processos següents:
  - **Reciclatge**. Són fàcilment reciclables, però és un problema que n'hi hagi de moltes classes. S'han de classificar segons el tipus.
  - **Incineració**. S'**aprofita** l'**energia** despresa, perquè tenen un poder calorífic com el d'altres combustibles. El problema és l'emissió dels fums de combustió molt contaminants.
- En el procés de fabricació del **vidre** s'utilitza molta energia, perquè la fusió es fa a altes temperatures.
- El vidre es pot reciclar, bàsicament, de dues maneres diferents:
  - Els envasos de vidre es renten, s'esterilitzen i es reutilitzen.
  - Els objectes de vidre es trituren i es fonen per formar-ne de nous.
- El **paper** s'obté a partir de la fusta dels arbres. Com més gran és el consum de paper, més quantitat d'arbres talats. El paper es pot reciclar. A Espanya, la tasca de recuperació arriba al 77 %.
- Un dels **metalls** principals que es recicla és l'alumini. S'obté per electròlisi de la bauxita (òxid d'alumini) fosa, procés que requereix molta energia. És més senzill reutilitzar l'alumini de llaunes i envasos.

La classificació dels residus plàstics n'encareix el reciclatge.

El reciclatge d'una tona de paper pot evitar la tala de tretze arbres adults.

@ Amplia a la Xarxa...

Mira un vídeo sobre la feina en una planta de reciclatge a: www.tiching.com/731998

24. **Emplena la taula sobre el reciclatge dels materials següents. Si cal, busca informació:**

	plàstic	vidre	paper	metall
avantatges				
inconvenients				

25. **Elabora un text per explicar els problemes que genera l'acumulació de residus:**

....

....

....

....

26. **Pinta els objectes següents segons el codi de colors dels diferents contenidors de recollida selectiva. A continuació, escriu la freqüència en què els utilitzes i la freqüència en què els recicles:**

....

....

....

....

27. **Llegeix el text i fes l'activitat:**

A Espanya es consumeixen uns 161 kg de paper per habitant i any: 72 kg en cartró d'embalatges, 47 kg en paper d'escriptori, 16 kg en paper de premsa, 11 kg per a ús higiènic i la resta per a diversos usos.

– Calcula el percentatge de cada un dels grups de consum i dibuixa un diagrama de barres o de sectors:

28. Per què els metalls s'extreuen dels minerals i no de les roques? Explica amb paraules teves les diferències entre metall, mineral i roca:

Metall ....

Mineral ....

Roca ....

29. Cada dia fem servir molts tipus de combustibles. Fes-ne una llista i descriu en quines circumstàncies els fas servir. Per exemple, el gas butà per cuinar:

30. Ingerir alcohol és sempre perjudicial per a la salut, però molt especialment si es prenen determinats medicaments. Quina n'és la causa?

31. Abans de receptar un medicament, el metge esbrina si el pacient ja pren alguna medicació. Per què?

32. Els gasos clorofluorocarbonis es van fer servir com a propel·lents en els aerosols fins que es va demostrar que eren perjudicials per a la capa d'ozó. Busca envasos d'aerosol i anota quins propel·lents utilitzen ara:

33. El reciclatge de les llaunes d'alumini s'encareix pel transport, perquè, tot i que pesen poc, ocupen molt d'espai.

a) Calcula quantes llaunes d'alumini pot transportar un camió amb una capacitat de 8 m^3. Suposa que cada llauna plegada ocupa 30 mL:

b) Determina experimentalment el pes d'una llauna d'alumini i calcula la massa total de les llaunes que transporta el camió:

CONTESTA LA PREGUNTA INICIAL

Com influeix la química en la societat?

CONSOLIDA EL QUE HAS APRÈS

34. Què entens per matèries primeres naturals? Quines són les matèries primeres més utilitzades?

35. Explica com es va originar el petroli:

36. Completa el gràfic sobre la proporció i l'origen de l'energia consumida a Espanya:

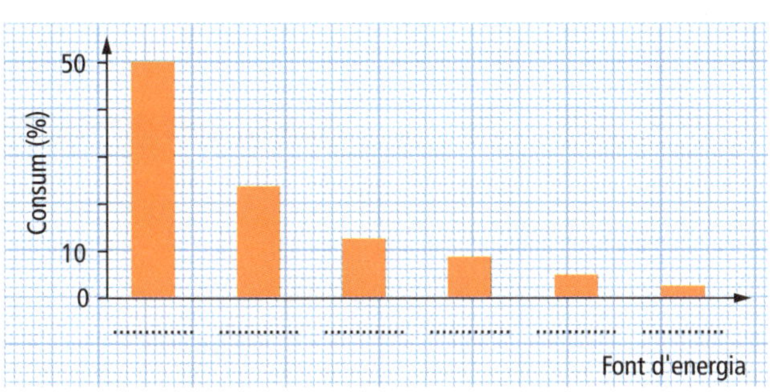

37. Com s'explica que l'esperança de vida al nostre país hagi passat dels 50 anys al començament del segle XX als 80 anys al començament del segle XXI?

38. Completa els mots encreuats:

Definicions:

1. Fàrmac que alleuja el malestar.
2. Element químic la presència del qual en els combustibles causa pluja àcida.
3. Component principal del gas natural.
4. Recuperació dels materials dels residus per aprofitar-los una altra vegada.
5. Instal·lació on es destil·la el petroli.
6. Prevé malalties en estimular el sistema immunològic.
7. Científic descobridor de la penicil·lina.
8. Carbó que té un contingut alt en carboni.
9. Mineral del qual s'obté l'alumini.
10. Mescla de minerals.

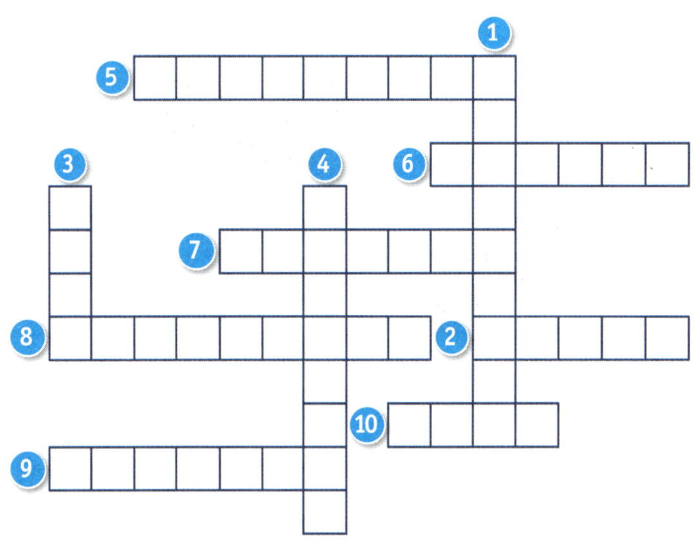

9 L'ENERGIA

Quines energies ens envolten?

Fa dos-cents anys les persones utilitzaven com a fonts d'energia l'aigua dels rius, el vent, la llenya i el carbó. Actualment, es necessiten moltes més fonts d'energia i en més quantitat.

El petroli, del qual s'extreu la gasolina i el gasoil, juntament amb el gas natural i l'urani són actualment les fonts d'energia principals (malgrat que no són renovables i que contaminen).

Un altre tipus de fonts d'energia que s'utilitzen, tot i que en poca quantitat, i que sí que es regeneren i contaminen molt menys, són les anomenades renovables. Aquestes energies són el vent, l'aigua, la biomassa, la calor interna de la Terra i les marees.

S. XVII

S. XVII — El 1687 Isaac Newton (1643-1727) publica la llei de la gravitació universal.

S. XVIII

Segle XVIII

Màquina de vapor i Revolució Industrial (carbó).

1800-1899

Segle XIX — Il·luminació i motor de combustió interna (petroli).

1878 — La primera central termoelèctrica del món es construeix a Baviera.

1893

Tesla dissenya la primera central hidroelèctrica del món a les cascades del Niàgara.

Què sabem?

1. Quina és la principal font d'energia de la majoria de vehicles de la imatge? És una font d'energia renovable o no renovable?

....

2. Marca amb una creu (X) les accions que podríem dur a terme per reduir el consum de combustible dels cotxes. Justifica les eleccions:

- ◯ Reduir el límit de velocitat dels cotxes.
- ◯ Utilitzar cotxes elèctrics.
- ◯ Prohibir els cotxes vells i contaminants.
- ◯ Utilitzar el transport públic.
- ◯ Compartir el cotxe amb altres usuaris.
- ◯ No fabricar cotxes que utilitzin combustibles fòssils.
- ◯ Anar en bicicleta.
- ◯ No deixar entrar a les ciutats amb cotxe.
- ◯ Fer menys carreteres.

....

....

....

3. Escriu font d'energia renovable (R) o no renovable (N) on correspongui:

4. Quins problemes mediambientals genera l'ús de combustibles fòssils? Per què penses que no s'ha fet el canvi de paradigma cap a les energies no contaminants?

....

....

5. Fixa't en la línia del temps inferior, busca informació i explica què és el Protocol de Kyoto:

....

....

1900-1999

▪ 1954

Primera central nuclear del món (Obninsk, Rússia).

2000-2010

▪ 2005 Entrada en vigor del protocol de Kyoto.

1 L'energia: formes i fonts

- L'**energia** és el que produeix canvis en la matèria o en el seu estat i posició.
- Les **fonts d'energia** o **recursos energètics** són tots els recursos dels quals es pot extreure energia.

@ Amplia a la Xarxa...

Accedeix a una infografia sobre les fonts d'energia no renovables a:
http://www.tiching.com/732057

Fonts d'energia no renovables

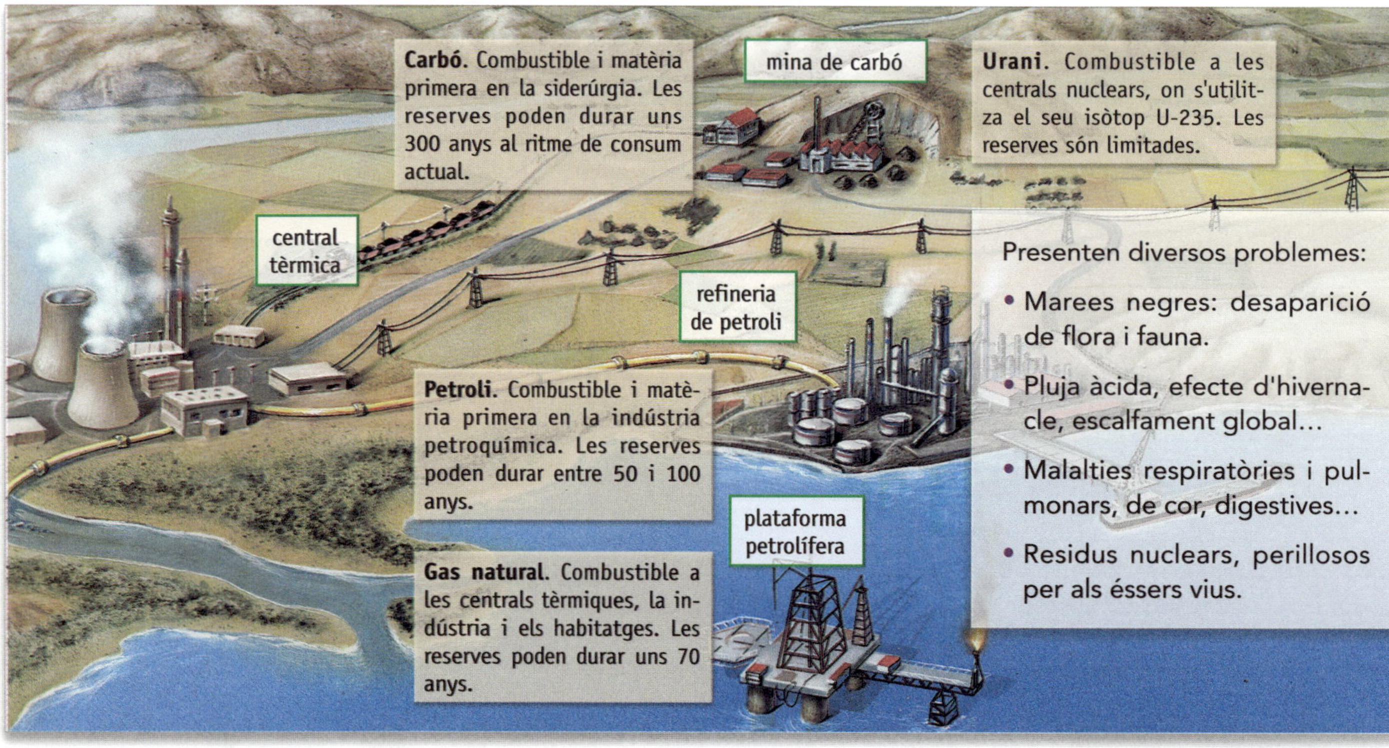

Fonts d'energia renovables

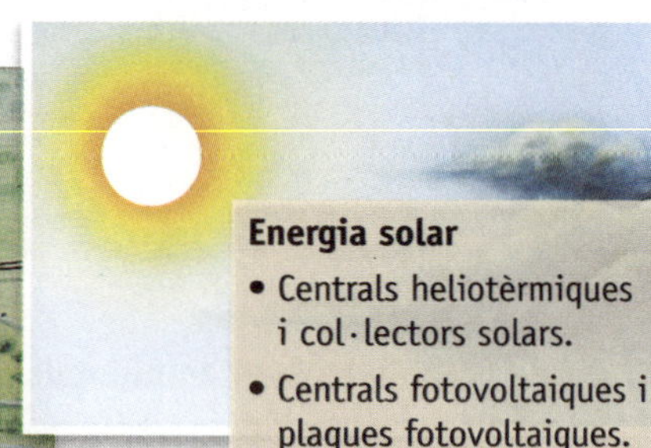

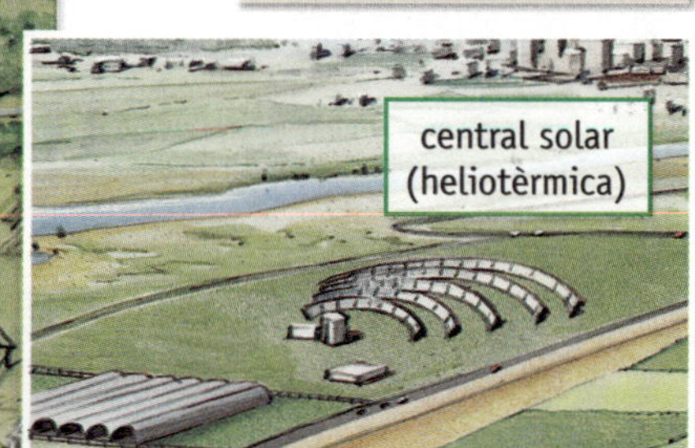

@ Amplia a la Xarxa...

Accedeix a una infografia sobre les fonts d'energia renovables a:
http://www.tiching.com/732058

6. **Marca amb una creu (X) l'opció correcta:**

– L'energia és...

◯ ...el que produeix canvis en la matèria o en el seu estat i posició.

◯ ...la capacitat de moviment que tenen els cossos.

– Les fonts d'energia són...

◯ ...les aplicacions humanes que s'encarreguen d'explotar els recursos.

◯ ...tots els recursos dels quals es pot treure energia.

7. **Relaciona:**

fonts d'energia no renovables

fonts d'energia renovables

mina de carbó · parc eòlic · central hidroelèctrica · plataforma petrolífera

8. **Què són les marees negres? Busca informació sobre alguns dels casos més greus i de les seves conseqüències:**

....

....

....

....

9. **Una de les energies del futur consisteix a aprofitar l'energia solar per trencar molècules d'aigua i obtenir hidrogen, que s'emmagatzema i s'utilitza com a combustible, aprofitant que la seva combustió és poc contaminant. Busca informació sobre aquesta energia i fes-ne un resum breu:**

....

....

....

2 Transmissió de l'energia

Energia transmesa mitjançant una força

- L'**energia** produeix **canvis en el moviment** dels objectes:
  - Per a qualsevol d'aquests canvis, s'ha d'aplicar una **força** sobre l'objecte.
  - L'energia que es transmet mitjançant forces és el **treball**.
  - El seu valor és proporcional a la força i a la distància que recorre l'objecte.

Per moure el carretó hi exercim una força al damunt.

Energia transmesa per diferència de temperatura

- La **temperatura** és una magnitud que ens dóna idea de si un objecte adquirirà energia en contacte amb un altre objecte o si en perdrà.
  - És una mesura de l'**energia interna** de l'objecte, suma de totes les energies **cinètiques** i **potencials** de les partícules que el formen.
  - Dos objectes en contacte a diferent temperatura es transfereixen energia fins que tots dos la igualen i assoleixen l'**equilibri tèrmic**.

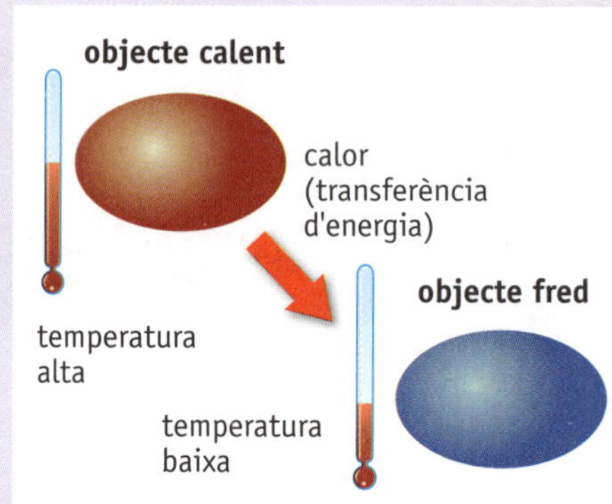

Transferència de calor d'un cos calent a un altre de més fred.

- La transferència d'energia que es produeix quan es posen en contacte dos objectes a diferent temperatura s'efectua en forma de **calor**.
  - No hi ha transferència en forma de calor dels objectes freds als calents.
  - Els objectes freds no transmeten fred, sinó que absorbeixen calor.
- Quan subministrem energia a un objecte en forma de calor, pot tenir efectes diversos:
  - L'**augment de temperatura** és directament proporcional a la calor transmesa i inversament proporcional a la massa de l'objecte, i depèn de la naturalesa de la substància.
  - La **dilatació** és directament proporcional a la calor transmesa i depèn de la naturalesa de la substància que forma l'objecte.
  - El **canvi d'estat** depèn també de la calor transmesa i de la naturalesa de la substància que forma l'objecte.

10. Quines dues maneres hi ha de transferir energia?

....

....

La propagació de la calor

- **Conducció**. Es transmet a través de sòlids. No hi ha moviment de matèria.

- **Convecció**. És la transmissió de calor mitjançant transmissió de matèria. Es dóna en líquids i gasos.

- **Radiació**. No necessita suport de cap medi material. Tots els objectes calents l'emeten, com ara el Sol.

11. **Resol els mots encreuats següents:**

1. Magnitud que ens dóna idea de si un objecte adquirirà energia en contacte amb un altre objecte o en perdrà.
2. Energia transmesa mitjançant forces.
3. Aplicació que exercim sobre els objectes per produir canvis en el moviment.
4. Transmissió de calor mitjançant transmissió de matèria.
5. Propagació de calor a través de sòlids.
6. Transferència d'energia que es produeix en posar en contacte dos objectes a temperatura diferent.

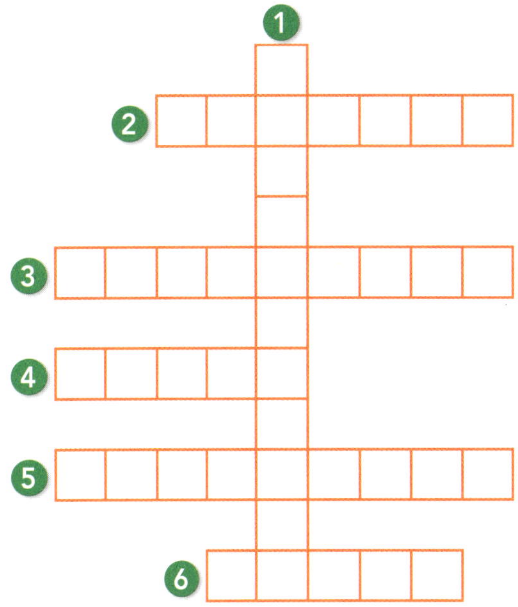

12. **Si escalfem dos recipients amb aigua, un amb un litre i l'altre amb dos, durant el mateix temps, assoliran la mateixa temperatura? Per què?**

13. **Fixa't en la imatge i contesta:**

– A temperatura ambient, l'esfera metàl·lica pot passar l'anella. Què passa si escalfem l'esfera?

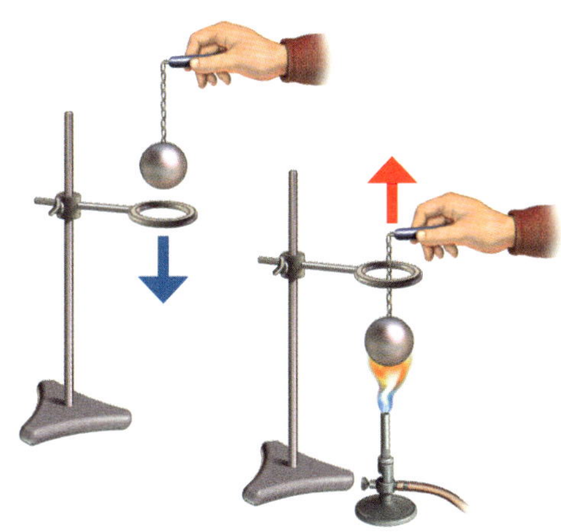

14. **Quin tipus de propagació de calor representa la imatge? Explica'n el procés:**

3 Conservació i degradació de l'energia

- L'energia **es transforma** en uns altres tipus d'energia.
- Quan interaccionen dos objectes, intercanvien energia. Per a cadascun, la seva energia augmenta o disminueix, però, per al conjunt, l'energia **es conserva**.
- L'**energia no es crea ni es destrueix**, tot i que es transforma d'uns tipus en uns altres.
- Tot i que l'energia total es conserva, no tots els tipus d'energia són igual d'útils.
  - En el cas del motor d'un cotxe, una part important de l'energia aportada per la gasolina s'utilitza per vèncer el fregament de les parts mecàniques del motor i es transforma en **energia tèrmica**, que **no es pot aprofitar**.
  - Si sumem l'energia aprofitada pel motor més la perduda en forma de calor, el resultat és l'energia produïda per la gasolina: l'energia total es conserva, però una part al final ja no és útil. L'energia es **degrada**.
  - En tots els processos, l'energia es degrada. Si no hi hagués pèrdua d'energia, tota l'energia inicial seria energia útil.
- L'**energia útil** és la part de l'energia produïda que arriba als llocs de **consum**, o la part de tota l'energia aplicada a un procés que **no es perd** en forma de calor. Per determinar quanta energia s'aprofita, definim el **rendiment energètic** com ara:

$$\textit{Rendiment energètic} = \frac{\textit{energia útil}}{\textit{energia inicial}} \cdot 100$$

$$\textit{Energia inicial} = \textit{energia útil} + \textit{energia perduda}$$

Els 10 millors aliments per a l'esport

L'energia química dels aliments es transforma en l'energia que mou els músculs del nostre cos.

@ Amplia a la Xarxa...

Mira un vídeo sobre energies renovables i sostenibilitat a: http://www.tiching.com/732059

15. **Explica per què i per a què necessitem:**

– Menjar.

....

....

– Tancar bé les finestres a l'hivern.

....

....

– Endollar l'assecador.

....

....

– No obrir la nevera si no és necessari.

....

....

– Posar gasolina al cotxe.

....

....

– Abrigar-nos a l'hivern.

....

....

16. **Explica el rendiment energètic d'un automòbil. Defineix què és energia útil, energia inicial i energia degradada:**

....

....

....

....

....

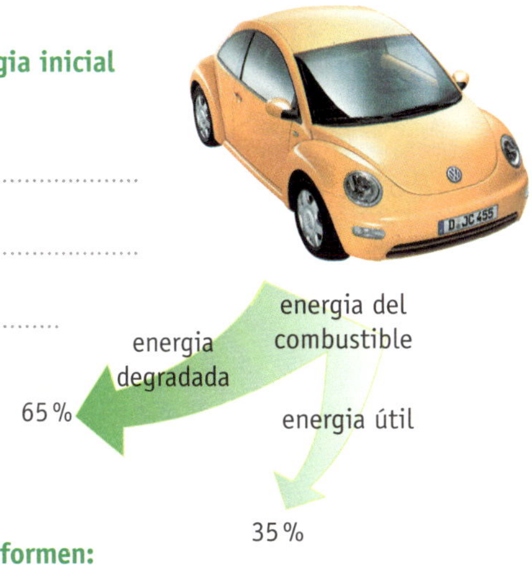

17. **Fixa't en les imatges i escriu quina energia utilitzen i en quines energies es transformen:**

....

....

18. **Fixa't en les imatges i descriu com podem evitar que hi hagi pèrdues:**

a) De calor a casa nostra.

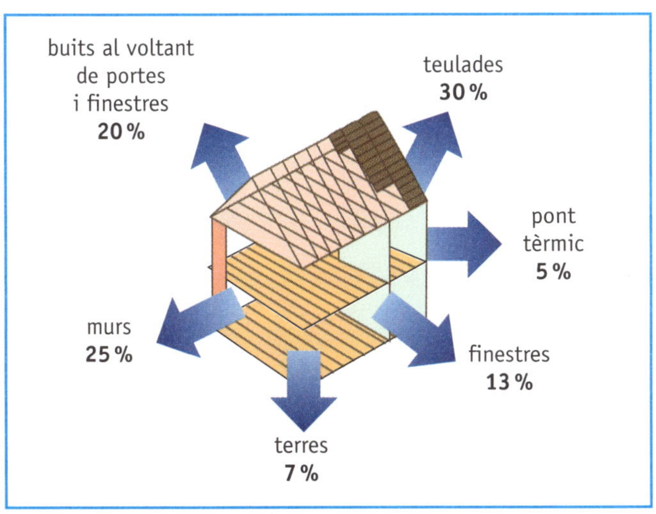

....

....

....

b) De calor de les bombetes.

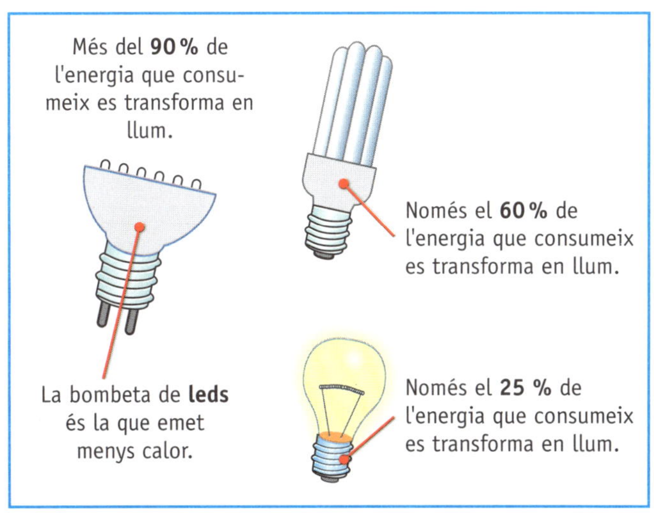

....

....

....

4 L'estalvi energètic

- L'entorn que ens envolta i que tots els éssers vius necessitem per a la nostra supervivència és el **medi ambient**.
- Actualment, consumim les fonts d'energia per augmentar el benestar sense conservar-les ni millorar-les. Al contrari, les exhaurim, al mateix temps que degradem i contaminem el medi ambient.
- Per **frenar l'exhauriment dels recursos energètics** cal prendre dues mesures:
  - **Frenar el consum** energètic.
  - Utilitzar **recursos** que siguin **renovables**.
- No podem explotar els recursos naturals de manera il·limitada: les espècies s'extingeixen, els boscos desapareixen, les matèries primeres i les fonts d'energia s'exhaureixen, la contaminació avança...
- L'any 1988 va aparèixer l'expressió **desenvolupament sostenible**, que és el desenvolupament que satisfà les necessitats actuals sense comprometre la capacitat de les generacions futures per satisfer les seves:
  - Procurar que els **recursos energètics no s'exhaureixin**.
  - **No contaminar** el medi ambient (conservar la vida del planeta).

El Protocol de Kyoto

Es tracta d'un compromís que van adoptar més de cent països del món l'any 1997 per reduir en un 5 % l'emissió de gasos d'efecte d'hivernacle durant el període 2008-2012. Com a referència es van agafar els gasos emesos l'any 1990.

Va entrar definitivament en vigor el febrer de 2005, tot i que no van subscriure el pacte països com ara els Estats Units.

Propostes per a l'estalvi d'energia

El transport públic

- Potenciar línies interurbanes i les dels ferrocarrils de rodalia.
- Augmentar el transport urbà de superfície (més línies i més freqüència).
- Implantar una tarifa única que permeti combinar modalitats de transport públic al mateix preu.

Estalvi a la llar

- Evitar l'ús innecessari o inadequat dels electrodomèstics:
  - Carregar completament les rentadores o els rentaplats.
  - No obrir la nevera gaires vegades, ni durant gaire estona.
  - Engegar i mantenir en funcionament els aparells només quan sigui necessari.
  - Vigilar la temperatura dels termòstats.
  - Aïllar tèrmicament l'habitatge.
  - Dutxar-se en comptes de banyar-se.

19. Indica si són veritables (V) o falses (F) les afirmacions següents:

◯ El medi ambient és l'entorn natural que ens envolta.

◯ Els recursos energètics són infinits.

◯ Actualment, exhaurim les fonts d'energia sense conservar-les ni millorar-les.

◯ Per frenar l'exhauriment dels recursos energètics, cal frenar-ne el consum.

◯ El Protocol de Kyoto és un compromís firmat l'any 1997 pels Estats Units.

20. Esmenta exemples de mesures que podem prendre per estalviar energia a casa nostra:

....

....

....

21. Posa exemples de casos que coneguis en els quals no es té cura del medi ambient:

....

....

....

....

22. El concepte de desenvolupament sostenible està lligat al concepte de *decreixement*. Busca'n informació i escriu un resum breu on expressis la teva opinió:

....

....

....

23. Què és el Protocol de Kyoto? Busca'n informació i redacta un informe amb les mesures plantejades i com han anat evolucionant des del seu establiment fins als nostres dies:

....

....

....

24. Fes un cartell i indica-hi les tres mesures que consideres més importants per estalviar energia al teu centre escolar:

1 ....

....

2 ....

....

3 ....

....

5 L'energia i les forces

- L'**energia** es transfereix en forma de calor o mitjançant l'aplicació d'una **força**. Les forces es mesuren en **newtons** (N).
- El **pes** dels cossos és la força amb què la Terra els atreu.
  - El pes no és el mateix que la massa: la massa és la quantitat de matèria d'un objecte.
  - El pes p (en N) d'un cos de massa m és igual al producte d'aquesta massa (en kg) per l'acceleració de la **gravetat**, g, que a la superfície de la Terra té un valor de 9,8 m/s^2, és a dir:

$$p = m \cdot g$$

- La **força motriu**, F_m, fa que un objecte es mogui.
- La **força de fregament**, F_{freg}, fa que un objecte s'aturi.
- La **força normal**, ***N***, és la força que exerceix una superfície sobre els objectes que hi ha al damunt. Per exemple, quan col·loquem un llibre sobre la superfície horitzontal d'una taula, la taula exerceix una força vertical i cap amunt, el valor de la qual és igual al pes del llibre.
- La **tensió**, ***T***, és la força amb la qual un cable o una corda tensos estiren l'objecte que penja del seu extrem, com, per exemple, el cable d'una grua que aixeca una càrrega enganxada a aquest cable.

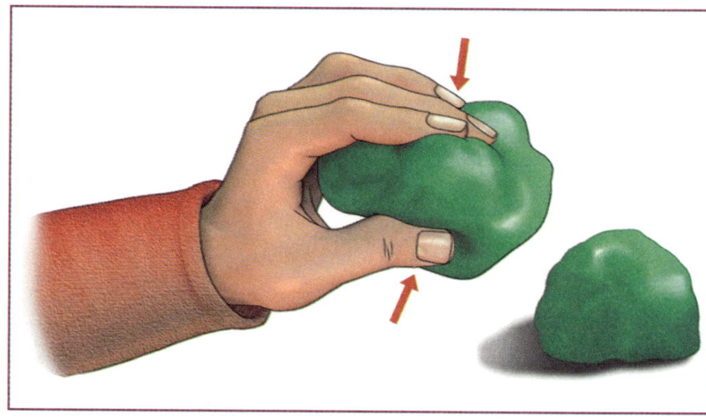

Els dits deformen més o menys la plastilina depenent del valor de la força que hi exerceixen al damunt.

La força de la gravetat

La força de la gravetat és la força d'atracció que s'estableix entre dos cossos amb massa.

Qualsevol parell de masses, m_1 i m_2, separades per una distància, d, s'atreuen amb forces iguals i oposades, que són directament proporcionals al producte de les dues masses i inversament proporcionals al quadrat de la distància que les separa:

$$F = G \cdot \frac{m_1 \cdot m_2}{d^2}$$

La força de la gravetat a l'univers

La força de la gravetat afecta tots els cossos de l'univers. Com que aquestes forces s'exerceixen a distàncies enormes, la unitat de longitud més utilitzada és l'any llum, és a dir, la distància que recorre la llum en un any:

$$1 \text{ any llum} = 1\,\cancel{\text{any}} \cdot \frac{365\,\cancel{\text{dies}}}{1\,\cancel{\text{any}}} \cdot \frac{24\,\cancel{\text{h}}}{1\,\cancel{\text{dia}}} \cdot \frac{3\,600\,\cancel{\text{s}}}{1\,\cancel{\text{h}}} \cdot \frac{300\,000 \text{ km}}{1\,\cancel{\text{s}}} = 9,46 \cdot 10^{12} \text{ km}$$

25. **Fixa't en la imatge i explica l'atracció gravitatòria entre tots dos cossos:**

....

....

....

....

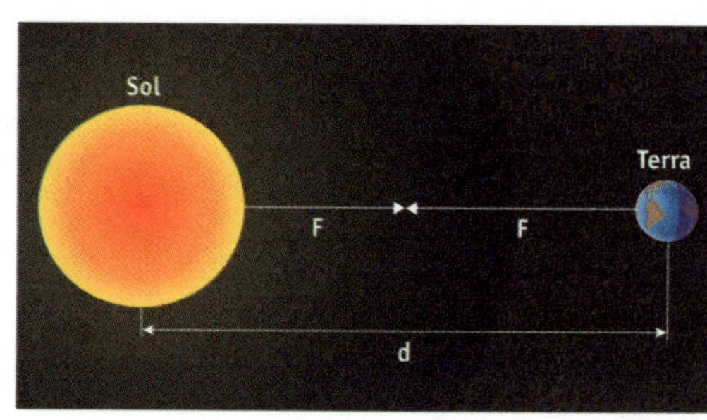

26. **Indica quines forces actuen en els casos següents:**

– Fruita sobre unes balances.

....

– Un cotxe que circula per una carretera.

....

– Un gerro damunt d'una taula.

....

– Un ascensor que puja estirat per un cable.

....

27. **Explica les aplicacions de forces que s'exerceixen en la imatge següent:**

....

....

....

....

....

....

28. **Explica, mitjançant exemples, com funcionen cada una de les màquines simples següents pel que fa a les forces:**

Pla inclinat	Politja	Roda
....	....	....
....	....	....
....	....	....
....	....	....
....	....	....
....	....	....
....	....	....

29. Senyala les frases falses i raona per què ho són:

- ◯ El carbó i el petroli són combustibles que contaminen, es gasten i no es renoven.
- ◯ L'aigua utilitzada a les centrals hidroelèctriques no es renova.
- ◯ Encara que es gasti tot el petroli, sempre ens quedarà la gasolina.
- ◯ La contaminació de l'aire és deguda únicament al CO_2 que emeten els cotxes.

....

....

....

....

....

30. Posa un exemple en què intervingui cada una de les formes d'energia següents:

a) Energia cinètica: ....

b) Energia radiant: ....

c) Energia química: ....

d) Energia potencial: ....

31. Esbrina quin tipus d'energia té:

a) Una corredora: ....

b) Un alpinista: ....

c) Una molla: ....

d) El nucli dels àtoms: ....

32. Explica en què es transforma l'energia de:

la gasolina

....

una pila

....

33. Indica quin o quins tipus de força intervenen en cada cas:

a) Una persona damunt d'una bàscula .

....

b) Una motocicleta circulant per la carretera.

....

c) Un ascensor que baixa des d'un vuitè pis.

....

34. Representa en un gràfic les dades següents que indiquen la posició d'un vehicle amb el temps:

posició (m)	temps (s)
0	0
15	2
30	4
60	8
75	10
90	12
180	24

35. Fixa't en aquesta figura, en la qual es mostra com varia la velocitat d'un ciclista amb el temps, i calcula l'acceleració que porta el ciclista:

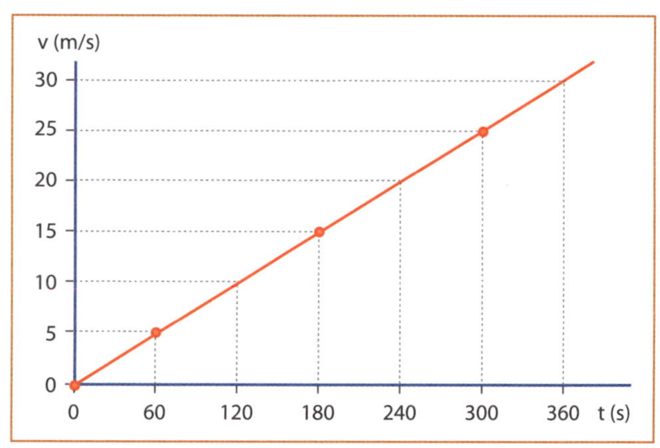

CONTESTA LA PREGUNTA INICIAL

Quines energies ens envolten?

....

....

....

....

....

....

....

....

....

CONSOLIDA EL QUE HAS APRÈS

36. Què són les fonts d'energia?

....

....

....

37. Esmenta diferents tipus d'energia:

....

....

....

....

38. De quines dues maneres es pot transmetre l'energia? Posa un exemple de cada una:

....

....

....

39. De quines maneres es pot propagar la calor? Posa un exemple de cada una:

....

....

....

40. Fixa't en la figura que mostra els percentatges de consum dels electrodomèstics d'una casa i contesta les preguntes:

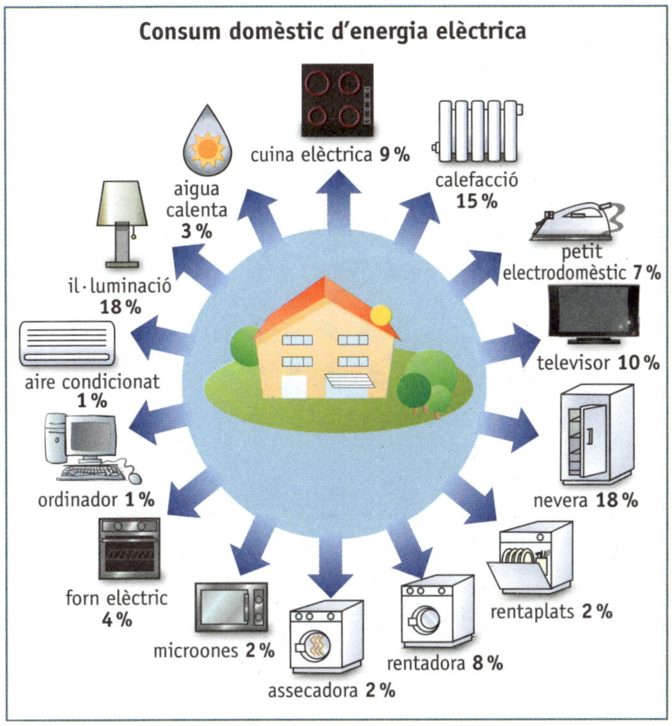

a) Quins són els tres que consumeixen més?

....

....

b) Quins són els dos que gasten menys?

....

....

c) Tenint en compte que quan s'obre la nevera i el congelador hi entra calor de l'exterior, què hem de fer per disminuir-ne el consum?

....

....

41. Què estableix la llei de la gravitació universal?

....

....

....

....

10 CÀRREGA ELÈCTRICA

Com és l'interior de la matèria?

Les primeres experiències sobre l'electricitat es remunten a l'antiga Grècia, realitzades per Tales de Milet (640-546 a.C.).

A la darreria del segle XIX i començament del segle XX, gràcies al descobriment de l'estructura interna de la matèria (quan es va comprovar que hi havia partícules carregades elèctricament a l'interior dels àtoms: protons i electrons), es va poder explicar quina era la naturalesa de la càrrega elèctrica.

A més, es van poder explicar les circumstàncies que fan que la càrrega elèctrica es pugui transferir d'uns cossos a uns altres, o que hi circuli per l'interior.

700-599 a.C.

Tales de Milet (640 a.C.-546 a.C.) estudia els efectes de l'ambre: quan es frega un tros d'ambre, atreu petits objectes. *600 a.C.*

1600-1699

1600 William Gilbert (1544-1603) dóna nom al fenomen de l'electrització dels cossos a partir de la paraula grega per l'ambre: *élektron*. Descobreix l'existència de materials conductors i aïlladors.

1700-1799

Jean Antoine Nollet (1700-1770) inventa el primer electroscopi per detectar si un objecte està carregat o no. *1748*

Benjamin Franklin (1706-1790) inventa el parallamps estudiant la naturalesa elèctrica dels llamps. També estableix l'existència de dos tipus de càrrega, que anomena *positiva* i *negativa*. *1752*

John Carton (1718-1772) inventa el primer pèndol elèctric per estudiar els fenòmens d'electrització. *1754*

Què sabem?

1. Frega un bolígraf amb trossos de llana i acosta'l a un rajolí fi d'aigua de l'aixeta. Què observes?

2. Ara, retalla uns trossets de paper de mida molt petita, torna a fregar el bolígraf amb un tros de llana i acosta'l als trosses de paper. Què observes?

3. Saps quin és l'origen dels llamps?

4. Quins aparells es col·loquen a les teulades perquè els llamps no causin danys als edificis? Què podria passar si no s'hi col·loquessin?

5. Fixa't en la línia inferior del temps i digues quina aportació va fer Charles Coulomb?

1800-1899	1900-1999

• 1777

Charles Coulomb (1736-1806) determina, mitjançant la balança electrostàtica, que la força entre dues càrregues és directament proporcional al producte de les càrregues i inversament proporcional al quadrat de la distància entre elles.

• 1897

J. J. Thomson (1856-1904) descobreix l'electró.

• 1918 E. Rutherford (1871-1937) descobreix el protó.

• 1932 J. Chadwick (1891-1974) descobreix el neutró.

1 Fenòmens elèctrics

- Quan un cos adquireix **càrrega elèctrica** diem que s'ha **electritzat**.
  - Per exemple, si fregues un regle de plàstic amb un jersei de llana i, després, l'apropes a uns trossos petits de paper, el regle els atreu. El regle ha adquirit, en fregar-lo amb el jersei, una propietat que no tenia (càrrega elèctrica).
- Els cossos electritzats amb càrrega del mateix tipus es repel·leixen; els electritzats amb càrrega de diferent tipus s'atreuen.
  - Un cos està **carregat positivament** quan té més càrrega positiva que negativa perquè els seus àtoms han perdut electrons.
  - Un cos està **carregat negativament** quan té més càrrega negativa que positiva pel fet de guanyar electrons.
- Com que els fenòmens d'electrització es produeixen per transferència d'electrons entre els cossos, la mateixa quantitat de càrrega que guanya un la perd l'altre. D'aquí es deriva la **llei de la conservació de la càrrega**.
- La **càrrega elèctrica total** a la natura es manté **constant.**

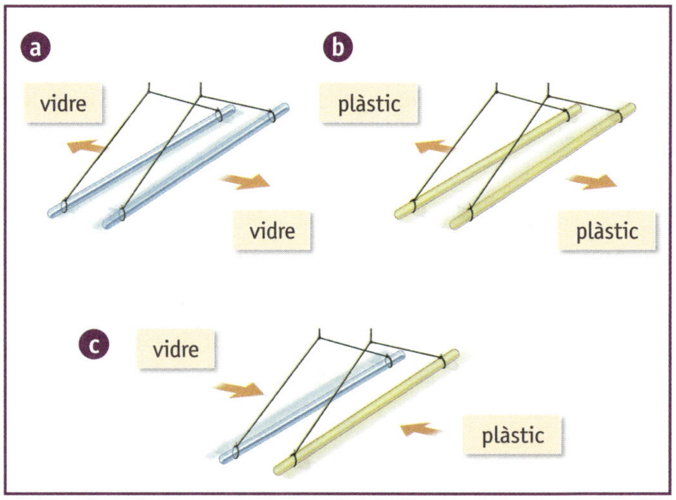

Experiment amb varetes electritzades: a) dues varetes de vidre es repel·leixen; b) dues varetes de plàstic es repel·leixen; c) dues varetes, una de plàstic i una altra de vidre, s'atreuen.

@ Amplia a la Xarxa...

Observa l'electrització de cossos a: www.tiching.com/116073

Naturalesa elèctrica de la matèria

- Els àtoms no són indivisibles i tenen estructura interna. A l'interior tenen unes partícules carregades positivament, els **protons**; partícules carregades negativament, els **electrons**, i partícules sense càrrega, els **neutrons**.
- La quantitat de càrrega de protons i electrons és la mateixa. Els àtoms tenen el mateix nombre d'electrons que de protons: són neutres.

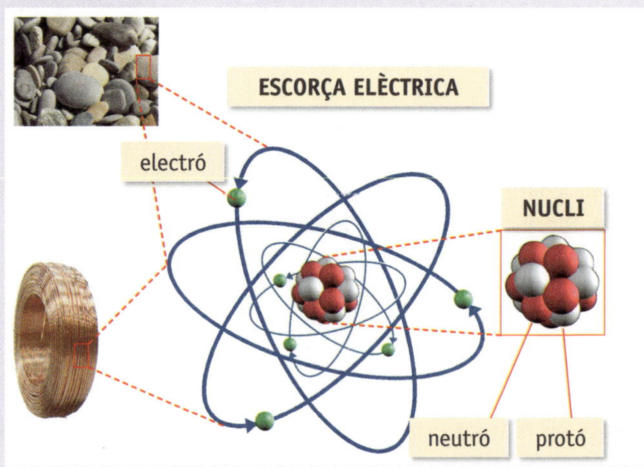

Al nucli de l'àtom hi ha els protons i els neutrons; a l'escorça elèctrica, els electrons.

6. Relaciona:

cos carregat positivament •

cos carregat negativament •

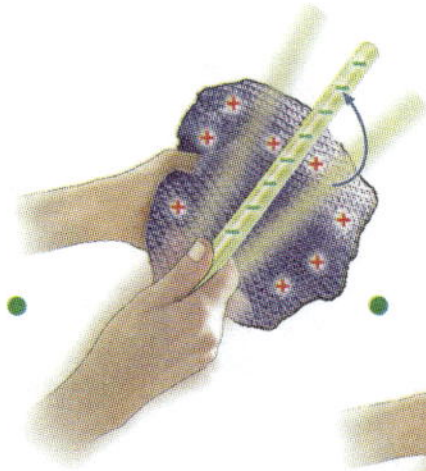

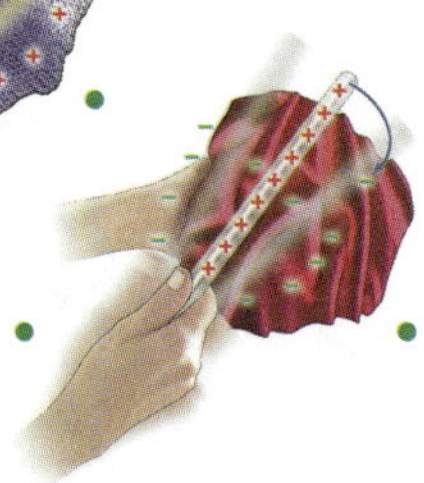

• El plàstic queda carregat negativament perquè agafa electrons de la llana.

• El vidre queda carregat positivament perquè cedeix electrons a la seda.

7. **Quin signe s'assigna a la vareta de vidre electritzada? I quin a la de plàstic? Amb quin criteri es fa aquesta assignació de signes?**

....

....

....

....

8. **Què vol dir que un cos s'ha electritzat? Marca amb una creu (X) la resposta correcta:**

- ◯ Que hem posat en contacte per fregament dos materials.
- ◯ Que un cos ha adquirit càrrega elèctrica.
- ◯ Que els seus àtoms tenen protons sense electrons ni neutrons.
- ◯ Que la seva naturalesa elèctrica és constant.

9. **Explica el fenomen de l'electrització dels cossos a través d'aquesta imatge:**

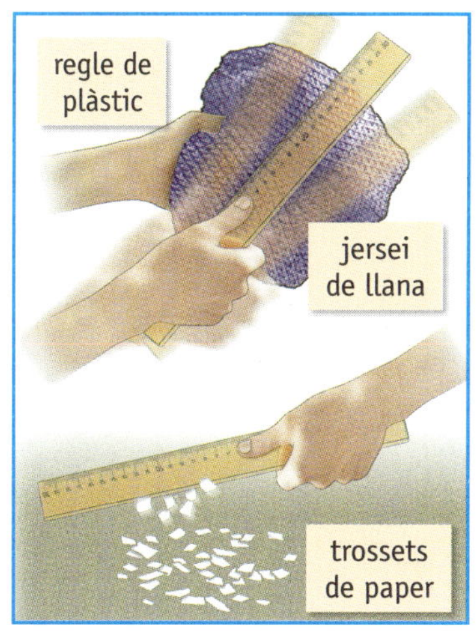

....

....

....

....

....

....

....

10. **Tenint en compte que els àtoms tenen partícules amb càrrega, estan sempre carregats? Per què?**

....

....

11. **Què ha passat amb les partícules d'un àtom que està carregat positivament? I amb les d'un carregat negativament?**

....

....

....

2 Aïllants i conductors

- Els **àtoms** poden guanyar o perdre electrons per fregament i es converteixen en **anions** o en **cations**.
- Segons la facilitat amb què els electrons es mouen per un material, aquest pot ser:
  - **Aïllant**: material que no permet que els electrons es moguin pel seu interior.
  - **Conductor**: material que permet que els electrons es moguin pel seu interior.
    - Un conductor es caracteritza per:

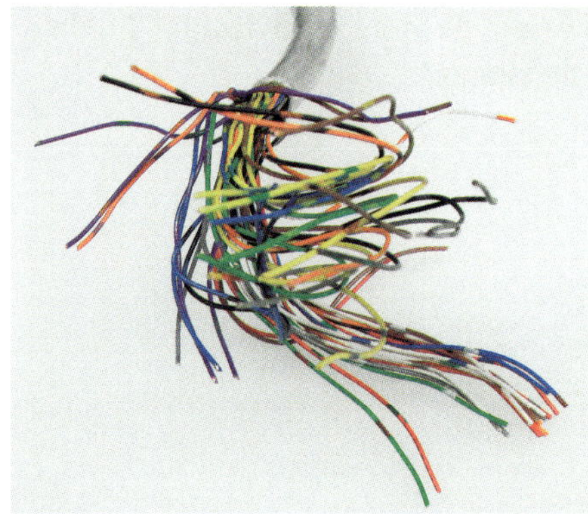

Alguns objectes, com ara aquest conjunt de cables, presenten materials aïllants (plàstic) i conductors (coure).

L'electrització de materials conductors

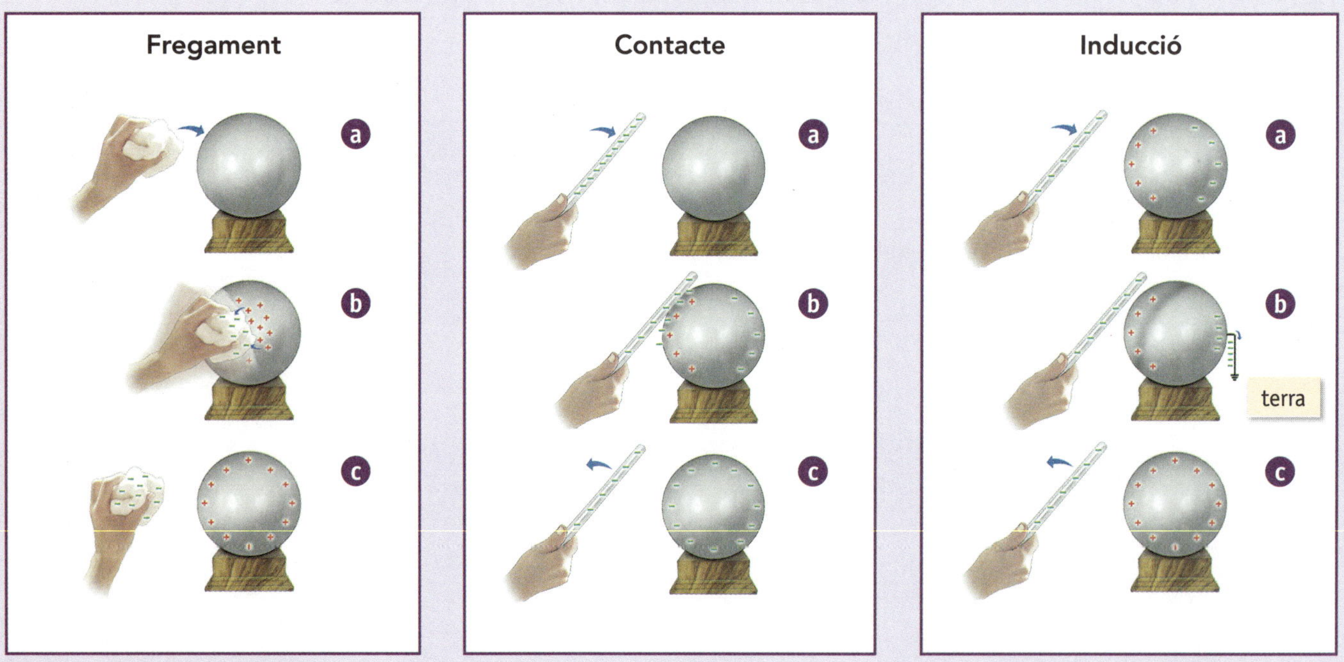

En acostar el drap (a) i **fregar** amb ell l'esfera metàl·lica (b), l'esfera perd electrons i, per això, queda carregada positivament (c).

En **tocar** amb una barra carregada negativament (a) l'esfera metàl·lica (b), la barra transfereix part de la seva càrrega negativa a l'esfera (c).

En **acostar** la barra carregada, la càrrega negativa de l'esfera es desplaça (a). Quan toca el terra (b), l'esfera queda carregada positivament (c).

12. Relaciona:

or •	• **material aïllant** •	• No permet que els electrons es moguin pel seu interior.
vidre •	• **material conductor** •	• Permet que els electrons es moguin pel seu interior.

13. **Posa 5 exemples de cada tipus:**

Materials conductors ....

....

Materials aïllants ....

....

14. **Per què el cos humà és conductor?**

....

....

....

15. **Explica el resultat de posar en contacte un conductor carregat amb un conductor neutre:**

....

....

....

16. **Si freguem una vareta metàl·lica aguantant-la amb la mà, atraurà trossets de paper? I si l'aguantem amb unes pinces de fusta? Raona les respostes:**

....

....

17. **Escriu (A) si és un material aïllant i (C) si és conductor:**

Interacció entre càrregues elèctriques

- Com més gran és la càrrega que s'acosta a un pèndol electrostàtic, més gran és la força de repulsió.
- En aproximar-hi la mateixa càrrega, com més disminueix la distància a la qual es trobi, més grans seran les forces de repulsió o d'atracció.
- Les càrregues del **mateix signe** exerceixen entre si forces de **repulsió** i les de **signe oposat** forces d'**atracció**.
- El valor de la força entre les càrregues augmenta si el valor de les càrregues augmenta, mentre que aquest valor augmenta si la distància disminueix.
- Llei de Coulomb: la força amb què s'atreuen o es repel·leixen dues càrregues és directament proporcional al producte dels valors de les càrregues i inversament proporcional al quadrat de la distància que les separa.
- Aquesta llei s'expressa per mitjà de la **fórmula matemàtica**:

$$F = K \cdot \frac{Q \cdot q}{d^2}$$

- En aquesta expressió:
  - F és el valor de la força d'atracció o de repulsió entre càrregues, mesurada en *newtons* (N).
  - Q i q representen el valor de cada una de les dues càrregues, sense el seu signe, mesurades en *coulombs* (C).
  - d és la distància que separa les càrregues, en *metres* (m).
  - K és una constant, anomenada *constant de Coulomb*.

  El valor de la constant K en el sistema internacional és:

$$K = 9 \cdot 10^9 \text{ N} \cdot \text{m}^2 \cdot \text{C}^{-2}$$

- Entre cada parell de càrregues s'exerceixen sempre dues forces iguals i oposades. La direcció de les forces és la de la línia que uneix les càrregues, i el sentit depèn de si les forces són d'atracció o de repulsió.
- La llei de Coulomb respecte de les càrregues és semblant a la llei de la gravitació universal de Newton respecte de les masses:
  - Dues masses s'atreuen amb forces que són directament proporcionals al producte dels seus valors i inversament proporcionals al quadrat de la distància que les separa.

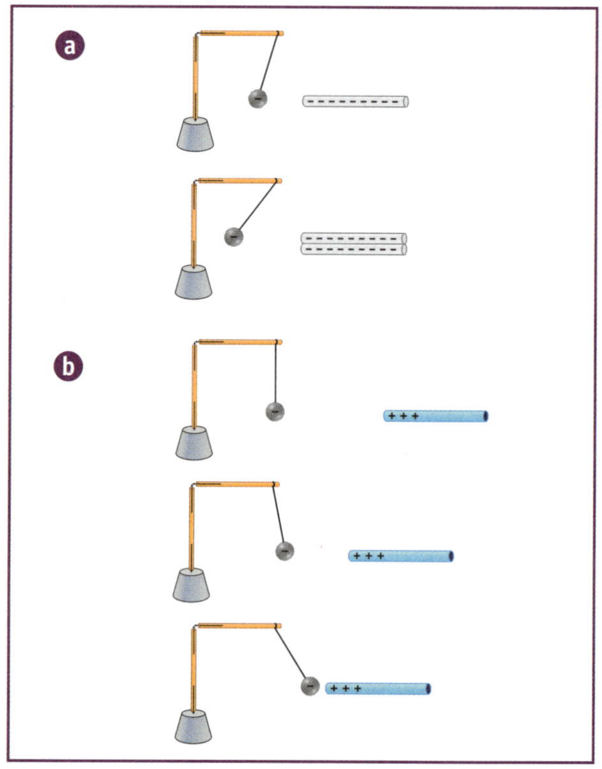

Efectes d'atracció i de repulsió de les càrregues elèctriques: a) en modificar la quantitat de càrrega; b) en modificar la distància.

Unitat de càrrega elèctrica

- A la pràctica, un valor d'1 C representa una quantitat de càrrega molt gran, per la qual cosa s'acostumen a utilitzar alguns dels seus submúltiples:
  - 1 mil·licoulomb (1 mC) = 10^{-3} C
  - 1 microcoulomb (1 μC) = 10^{-6} C
  - 1 nanocoulomb (1 nC) = 10^{-9} C

@ Amplia a la Xarxa...

Mira un vídeo sobre diferents experiments d'electricitat estàtica (inclosa la llei de Coulomb) a: www.tiching.com/732062

18. **Explica la representació de les forces de l'esquema següent:**

....

....

....

....

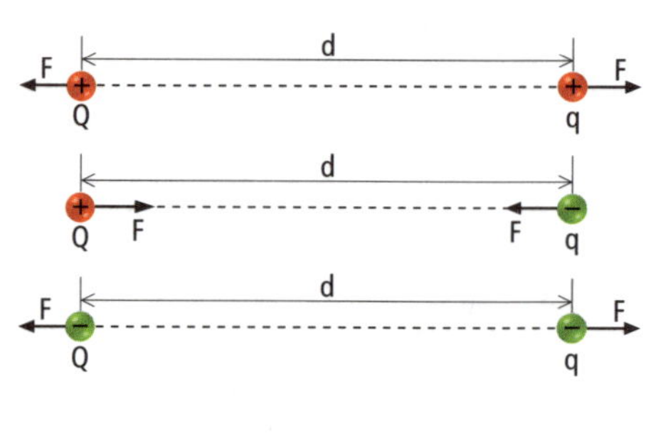

19. **Explica com varia la força entre dues càrregues si:**

– Una duplica el seu valor: ....

– Totes dues dupliquen el seu valor: ....

– La distància entre elles es fa quatre vegades més gran: ....

– La distància entre totes dues càrregues es redueix a la meitat: ....

20. **Fixa't en els exemples i fes les activitats:**

Calcula quants electrons tenen 3 C, 5 mC i 20 μC.

Expressem en coulombs i en potències de 10 el valor de les dues càrregues que estan expressades en forma de submúltiples i multipliquem el resultat obtingut pel valor del coulomb en electrons, $1\ C = 6{,}25 \cdot 10^{18}\ e$:

$3\ C = 3\ C \cdot 6{,}25 \cdot 10^{18}\ e/C = 18{,}75 \cdot 10^{18}\ e$

$5\ mC = 5 \cdot 10^{-3}\ C = 5 \cdot 10^{-3}\ C \cdot 6{,}25 \cdot 10^{18}\ e/C = 31{,}25 \cdot 10^{15}\ e$

$20\ \mu C = 20 \cdot 10^{-6}\ C = 20 \cdot 10^{-6}\ C \cdot 6{,}25 \cdot 10^{18}\ e/C = 125 \cdot 10^{12}\ e$

Ordena, de més petita a més gran, les càrregues següents:

a) $q_1 = 5\ mC$ **b)** $q_2 = 0{,}08\ C$ **c)** $q_3 = 200\ \mu C$ **d)** $q_4 = 0{,}3\ mC$

Per comparar les càrregues, les expressem en coulombs i en potències de 10:

a) $q_1 = 5\ mC = 5\ mC \cdot \dfrac{10^{-3}\ C}{1\ mC} = 5 \cdot 10^{-3}\ C$

b) $q_2 = 0{,}08\ C = 8 \cdot 10^{-2}\ C$

c) $q_3 = 200\ \mu C = 200\ \mu C \cdot \dfrac{10^{-6}\ C}{1\ \mu C} = 2 \cdot 10^{-4}\ C$

d) $q_4 = 0{,}3\ nC = 3 \cdot 10^{-1}\ nC \cdot \dfrac{10^{-9}\ C}{1\ nC} = 3 \cdot 10^{-10}\ C$

Per tant, de més petita a més gran, l'ordre és: $q_4 < q_3 < q_1 < q_2$

Calcula el valor de les forces amb les quals es repel·leixen dues càrregues, Q = 4 mC i q = 6 mC, quan es troben separades per una distància de 3 m.

Expressem les dades en unitats del SI:

$Q = 4\ mC = 4 \cdot 10^{-3}\ C$

$q = 6\ mC = 6 \cdot 10^{-3}\ C$

Substituïm aquests valors en l'expressió de la llei de Coulomb:

$$F = K \cdot \frac{Q \cdot q}{d^2} = 9 \cdot 10^9\ N \cdot m^2 \cdot C^{-2} \cdot \frac{4 \cdot 10^{-3}\ C \cdot 6 \cdot 10^{-3}\ C}{(3\ m)^2} = 24 \cdot 10^3\ N$$

– Calcula quants electrons hi ha en 0,2 C i en 35 mC:

– Ordena, de més gran a més petita, les càrregues següents:

○ 8 mC ○ 0,03 C

○ 500 μC ○ $2 \cdot 10^3$ nC.

– Calcula el valor de les forces amb què s'atreuen dues càrregues de 2 mC i de 8 mC que estan separades per una distància de 2 m:

21. Per què tenen signe diferent les càrregues d'una vareta de plàstic i d'una de vidre que hem fregat?

....

....

....

22. Els àtoms tenen càrregues positives i negatives a l'interior. Explica:

a) El nom de cada una.

....

....

b) Quines tenen la càrrega més gran.

....

....

c) Per què els àtoms són neutres.

....

....

23. Coneixent l'estructura de l'àtom, explica en què consisteix l'electrització d'una vareta de plàstic quan es frega amb un drap:

....

....

....

24. D'entre els materials següents, indica quins són conductors (C) i quins són aïllants (A):

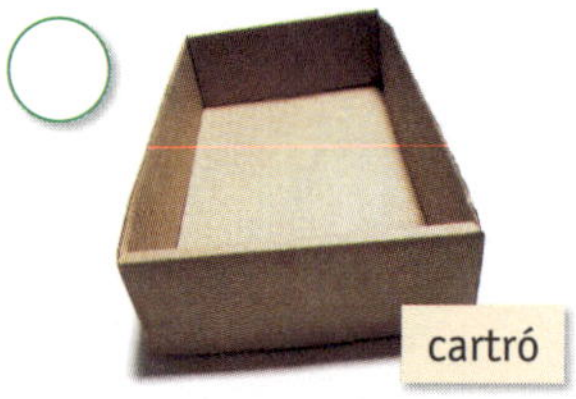

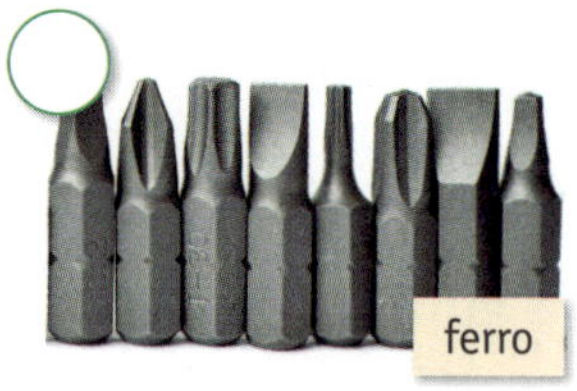

25. Indica a quants electrons equival:

a) Una càrrega de 50 mC: ....

b) Una càrrega de 25 μC: ....

c) Una càrrega de 10^2 nC: ....

26. Ordena aquestes càrregues de més petita a més gran:

◯ 0,3 mC   ◯ 0,02 C   ◯ $4 \cdot 10^{-5}$ C

◯ 40 μC   ◯ $5 \cdot 10^{-2}$ μC   ◯ $6 \cdot 10^{2}$ nC

27. Indica com varia el valor de les forces que exerceixen entre elles dues càrregues quan:

a) Tripliquem la distància que les separa.

....

b) Dupliquem el valor de totes dues càrregues.

....

28. Fixa't en la vareta de vidre i el pèndol carregat elèctricament. Calcula el valor de la força amb què la vareta de vidre, amb una càrrega de q_v = 5 μC, atreu el pèndol, carregat amb una altra de q = –10 μC, si estan separats per una distància de 5 cm:

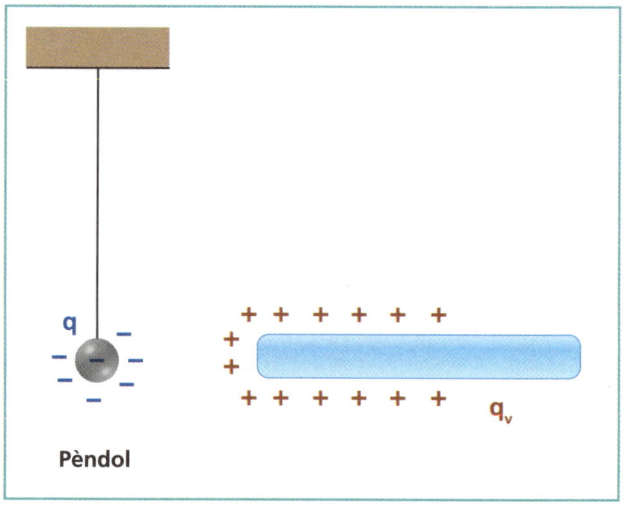

CONTESTA LA PREGUNTA INICIAL

Com és l'interior de la matèria?

....

....

....

....

....

....

....

....

....

CONSOLIDA EL QUE HAS APRÈS

29. Completa aquesta taula sobre les partícules que formen els àtoms:

partícula	càrrega	situació
protó	....	....
....	negativa	....
....	....	nucli

30. Completa les frases següents:

a) Un material com ara el plàstic és .... perquè no deixa que els electrons es moguin pel seu interior.

b) El coure és un material conductor perquè sí que deixa que els .... es moguin pel seu interior.

c) El suro és un material .... i l'acer és un material ....

d) Els materials .... només es carreguen per ....

e) Els materials conductors es carreguen per ...., per .... o per ....

31. Escriu l'expressió matemàtica de la llei de Coulomb i explica el significat dels seus termes:

....

....

....

....

32. Completa la taula amb els submúltiples del coulomb:

nom	símbol	equivalència
....	....	10^{-3} C
microcoulomb	....	....
....	nC	....

33. Indica si les frases següents són veritables (V) o falses (F):

- ◯ Les càrregues positives s'atreuen entren elles i les negatives es repel·leixen.
- ◯ Els materials aïllants no es carreguen; els conductors sí, en fregar-los.
- ◯ Alguns electrons poden sortir dels seus àtoms, però cap protó no ho pot fer.
- ◯ Els parallamps repel·leixen els llamps i impedeixen que arribin als edificis.

34. Relaciona els textos de les dues columnes:

1 càrrega més petita	◯ càrrega negativa
2 balança de torsió	◯ càrregues de signe oposat
3 atracció	◯ constant de Coulomb
4 fusta	◯ càrregues del mateix signe
5 electró	◯ aïllant
6 contacte	◯ descàrregues elèctriques
7 repulsió	◯ càrregues de metalls
8 llamps	◯ Coulomb
9 $9 \cdot 10^9$	◯ la de l'electró o la del protó

11 CORRENT ELÈCTRIC

Com ens arriba el corrent elèctric a casa?

Fa poc més de dos segles, Alessandro Volta va inventar la pila elèctrica i, amb això, va obrir el camí a l'obtenció i a l'ús del corrent elèctric.

Des de llavors, els investigadors han ampliat i perfeccionat les maneres de produir corrent elèctric i han ideat un gran nombre d'aplicacions.

Avui en dia, ens servim de l'electricitat als electrodomèstics, que milloren la nostra qualitat de vida; en els aparells mèdics, que vetllen per la nostra salut; en els mitjans de comunicació i en els transports, que escurcen les distàncies entre els països; en els ordinadors, que faciliten la feina...

1780-1799

• 1780

Luigi Galvani (1737-1798) descobreix l'electricitat gràcies a les seves experiències amb granotes.

• 1800

Alessandro Volta (1745-1827) dissenya la primera pila.

• 1827

Llei d'Ohm. Georg Ohm (1787-1854) explica el resultat de les seves investigacions: la relació entre la intensitat del corrent, el voltatge i la resistència.

Què sabem?

1. Escriu les coses que podries fer i que no podries fer durant un dia sense corrent elèctric:

Podria fer...	No podria fer...
....	....
....	....
....	....
....	....

2. Digues aparells i llocs on hi ha coure. Busca'n més informació; comprovaràs que és imprescindible:

....

....

....

3. Dibuixa un circuit que tingui una pila, un interruptor, una bombeta i cable. Dibuixa'l de manera que la bombeta estigui encesa:

4. Fixa't en la línia inferior del temps, busca informació sobre el codi Morse i escriu un resum sobre la utilitat que té:

....

....

1800-1899

• *1844*  Samuel Morse (1791-1872) envia els seu primer telegrama. Desenvolupa el telègraf i utilitza el codi Morse.

• *1855* Primera línia de telegrafia elèctrica a Espanya entre Madrid i Irun.

• *1876*  Graham Bell (1847-1922) patenta el telèfon.

• *1879*  Thomas Edison (1847-1931) aconsegueix que una bombeta estigui encesa 48 h seguides.

• *1882* Es comencen a instal·lar les primeres línies telefòniques a Espanya.

• *1890* Haro (la Rioja) i Jerez de la Frontera (Cadis) són les primeres ciutats espanyoles amb enllumenat públic elèctric als carrers.

1 Corrent elèctric

- Els **metalls** són materials conductors que permeten el moviment de les càrregues elèctriques.
- El **corrent elèctric** és el moviment ordenat dels electrons lliures d'un metall com a conseqüència de l'energia que se'ls aporta.
- En un temps donat, per un conductor pot passar més o menys quantitat de càrrega. És a dir, el corrent elèctric pot ser més o menys *intens*.
- La **intensitat de corrent**, *I*, mesura la quantitat de càrrega que travessa la secció d'un conductor en la unitat de temps:

$$I = \frac{Q}{t}$$

  - La unitat d'intensitat de corrent en el sistema internacional (SI) és l'**ampere** (A). Correspon al transport d'una càrrega d'1 C en 1 s.
  - Dos submúltiples usuals són el **mil·liampere** (mA), 1 mA = 10^{-3} A, i el **microampere** (μA), 1 μA = 10^{-6} A.
- Els **generadors de corrent** són els aparells que produixen l'energia necessària perquè hi hagi corrent elèctric en un conductor.
  - Independentment del tipus de generador, aquests consten sempre de dos pols, el **positiu** (+) i el **negatiu** (–), que van units al cable metàl·lic per on circulen els electrons.
  - Els electrons surten del pol negatiu i tornen al generador entrant pel pol positiu.
  - Cada generador es caracteritza per la **tensió** o **voltatge** que proporciona, que es representa com a V o $V_{1\text{-}2}$ (1 i 2 en són els pols) i es mesura en **volts** (V). Aquesta magnitud també s'anomena **diferència de potencial** entre els punts 1 i 2.

El coure: metall imprescindible per al corrent elèctric

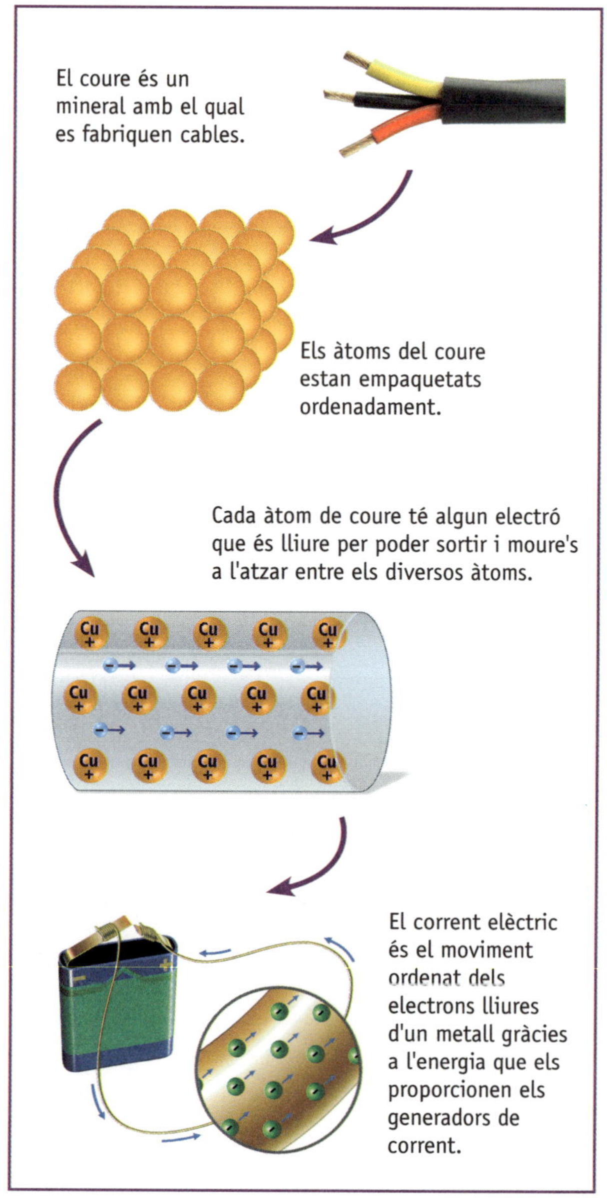

5. **Hi ha electrons lliures en un metall pel qual no circula corrent elèctric?**

....

6. **Què fa falta perquè els electrons lliures dels àtoms d'un metall es moguin ordenadament i formin el corrent elèctric?**

....

....

....

7. **Investiga i explica com va contribuir Galvani al descobriment del corrent elèctric i en què consistien els seus experiments:**

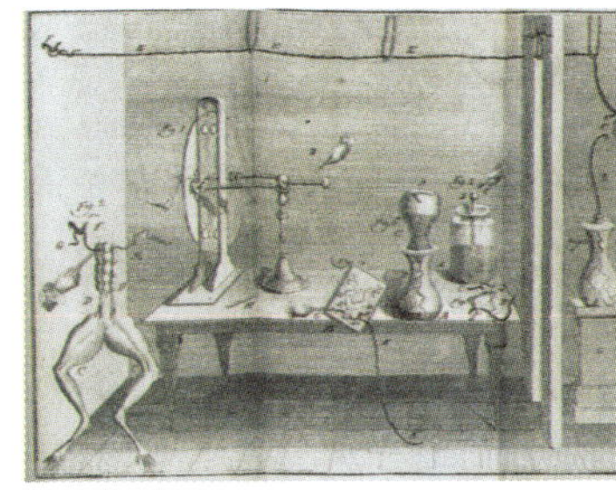

....

....

....

....

....

....

....

8. **Fixa't en els exemples i resol les activitats:**

Determina la intensitat de corrent que circula per un cable elèctric sabent que cada hora hi passen 4 mC.

Expressem les dades en unitats SI:

$4 \text{ mC} = 4 \cdot 10^{-3} \text{ C}$; $1 \text{ h} = 3600 \text{ s}$

Substituïm aquests valors en l'expressió de la intensitat:

$$I = \frac{Q}{t} = \frac{4 \cdot 10^{-3} \text{ C}}{3600 \text{ s}} = 0{,}0011 \cdot 10^{-3} \text{ A} =$$

$$= 0{,}0011 \text{ mA} = 1{,}1 \text{ } \mu\text{A}$$

Calcula el valor de la càrrega que passa per un cable elèctric durant 25 min sabent que la intensitat de corrent és de 6 mA.

Expressem les dades en unitats SI:

$25 \text{ min} = 25 \text{ min} \cdot 60 \text{ s/min} = 1500 \text{ s}$

$6 \text{ mA} = 6 \cdot 10^{-3} \text{ A}$

Aïllem la càrrega en l'expressió de la intensitat i substituïm aquests valors:

$$I = \frac{Q}{t} \Rightarrow Q = I \cdot t = 6 \cdot 10^{-3} \text{ A} \cdot 1500 \text{ s} = 9 \text{ C}$$

– Calcula quanta càrrega a C i quants electrons passen cada segon per un conductor si:

a) $I = 20$ mA b) $I = 30$ A c) $I = 5$ A

– Calcula la intensitat de corrent que circula per un cable elèctric per on passen 8 mC cada mitja hora:

– Quant de temps ha de transcórrer perquè per un cable elèctric amb una intensitat de corrent de 10 mA passin 5 mC?

2 Circuits elèctrics

- El corrent elèctric serveix per fer funcionar els **aparells elèctrics**. Aquests utilitzen l'energia elèctrica que produeix un generador.
- Els aparells elèctrics (electrodomèstics, bombetes...) es connecten a un **circuit elèctric** pel qual reben el corrent.
- Els elements bàsics d'un circuit són: el **generador**, els **receptors** (**aparells elèctrics**) i els **cables conductors**. Es representen gràficament mitjançant símbols.
- Per obrir o tancar un circuit es disposa de l'**interruptor**, que és un element de control per tallar o establir el pas del corrent.
- Per mesurar la diferència de potencial entre dos punts d'un circuit s'utilitza:
  - El **voltímetre**: els seus dos pols s'han de connectar sobre els dos punts la diferència de potencial dels quals es vol mesurar. Aquesta manera s'anomena **connexió en paral·lel**.
- Per mesurar la intensitat de corrent que circula en un circuit es fa servir:
  - L'**amperímetre**: s'ha d'intercalar en el punt del circuit on es vulgui mesurar la intensitat. És la **connexió en sèrie**.
- Actualment, els mesuraments elèctrics s'acostumen a fer amb instruments anomenats **polímetres** o **multímetres** que permeten mesurar magnituds diverses, principalment, intensitat de corrent, diferència de potencial i resistència de corrent.

Elements d'un circuit

nom	símbol
conductor	
bombeta	
pila	
resistència	
resistència variable	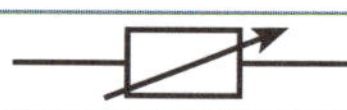
interruptor	
amperímetre	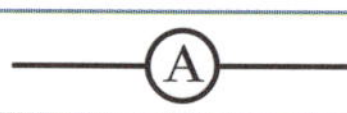
voltímetre	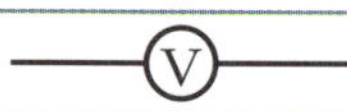
generador	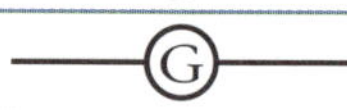

@ Amplia a la Xarxa...

Per veure un vídeo sobre l'ús d'un voltímetre i un amperímetre, entra a: www.tiching.com/732068

Circuit obert i circuit tancat

- Perquè els aparells connectats a un circuit funcionin, ha de ser un circuit **tancat**: el corrent surt d'un pol del generador i arriba a l'altre pol després de recórrer els diversos cables i aparells elèctrics.
- Un **circuit obert** està tallat en algun punt i el corrent no hi pot circular. En **tancar un circuit**, els electrons es mouen des del generador i els aparells connectats funcionen.

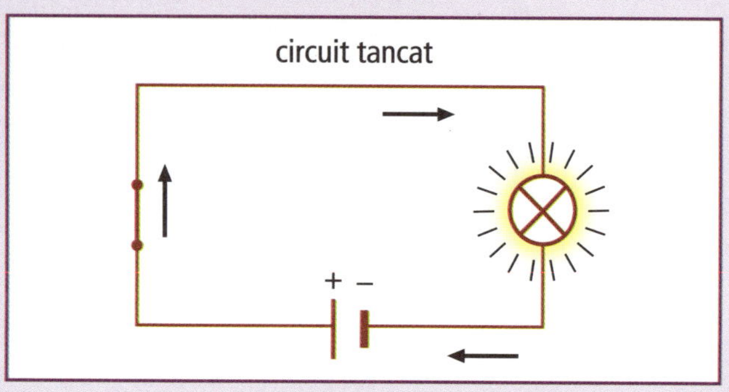

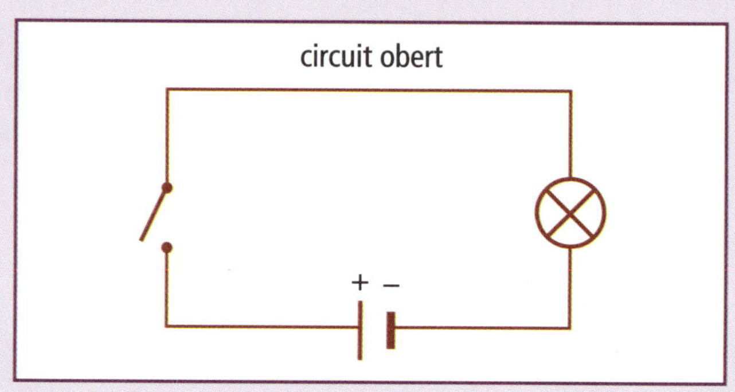

9. **Marca amb una creu (X) els elements bàsics que formen un circuit elèctric:**

- ◯ polímetre
- ◯ cables conductors
- ◯ generador
- ◯ amperímetre
- ◯ receptors
- ◯ endoll
- ◯ bateria
- ◯ transistor bipolar

10. **Identifica cada circuit i explica el comportament del corrent en cada cas:**

1 circuit tancat 2 circuit obert

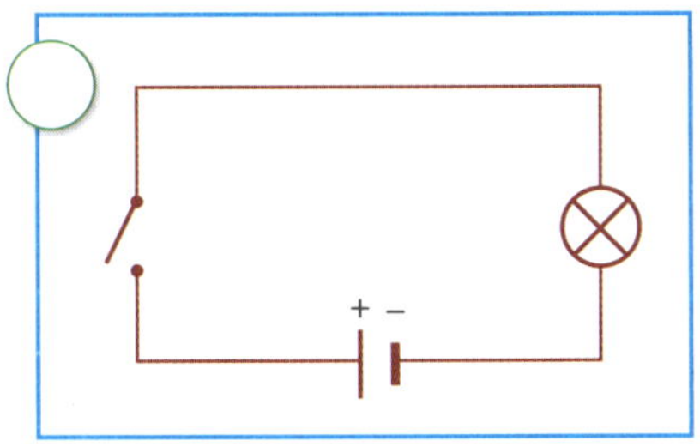

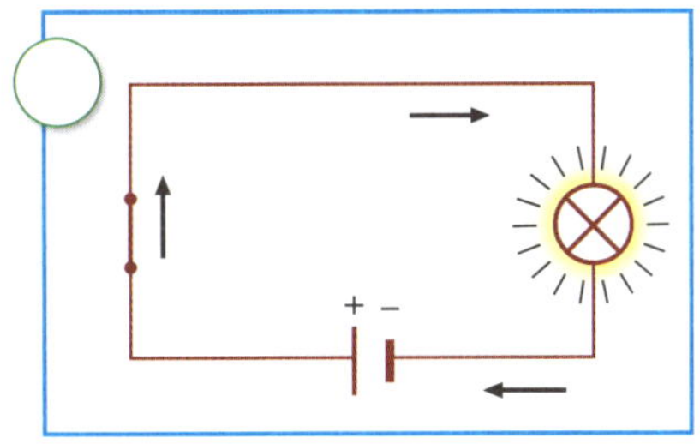

....

....

11. **Descriu la utilitat que presenta un interruptor a l'interior d'un circuit elèctric:**

....

....

12. **Explica l'ús del voltímetre:**

....

....

....

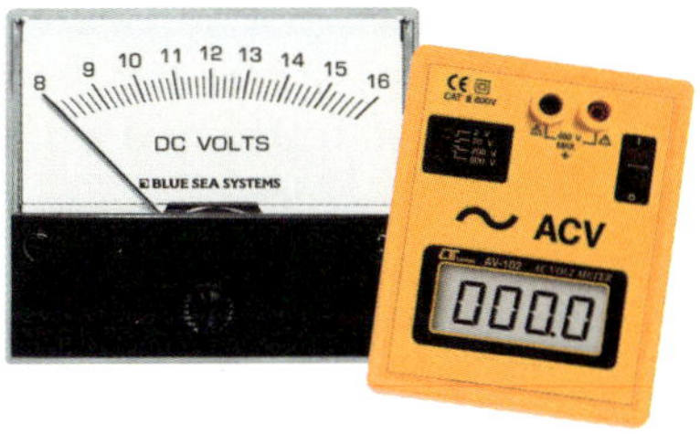

13. **Dibuixa un circuit elèctric amb els elements següents i els seus símbols corresponents:**

pila | bombeta | interruptor | fils conductors | amperímetre | voltímetre

3 Resistència elèctrica i llei d'Ohm

- La intensitat del corrent depèn de la quantitat de càrrega que circula per un circuit, i la càrrega depèn de la resistència.
- La **resistència** d'un circuit representa la dificultat que troben els electrons per moure-s'hi a causa dels xocs amb altres electrons i amb els nuclis dels àtoms.
- La resistència d'un conductor depèn de:
  - La **longitud** i la **secció del conductor**. La resistència elèctrica és més gran com més llarg i com més fi sigui el cable. És comparable al pas de l'aigua per una canonada: l'aigua troba més dificultat per fluir per una canonada llarga i estreta.
  - El **material amb què està fet el cable**. Com més bon conductor sigui aquest material, més fàcilment hi passen les càrregues elèctriques:

$$R = \rho \cdot \frac{L}{S}$$

  - La resistència R del cable és directament proporcional a la seva longitud L i inversament proporcional a la seva secció S. La constant ρ és la **resistivitat**, que depèn del metall del conductor.
- La resistència es mesura en **ohms**, Ω, en el SI. La resistivitat, ρ, s'expressa en $\Omega \cdot m$; la secció, en m^2, i la longitud, en m.
- En un circuit elèctric, tant els receptors com els cables elèctrics presenten resistència al pas del corrent elèctric. La resistència dels cables elèctrics que uneixen aparells elèctrics i generadors és molt inferior a la dels generadors.
- També es fan servir els **resistors**, uns components electrònics amb uns valors de resistència coneguts i indicats pels colors de les ratlles pintades i l'ordre d'aquests colors.
- Perquè hi hagi moviment de càrregues entre dos punts d'un circuit, hi ha d'haver una tensió o diferència de potencial, $V_1 - V_2$, entre tots dos. Si les càrregues es mouen, hi ha corrent elèctric d'intensitat I que ha de vèncer la resistència R que trobin aquestes càrregues en el seu camí.
- La relació entre elles es resumeix en la **llei d'Ohm**:

$$V_{1\text{-}2} = I \cdot R$$

  - La diferència de potencial i la intensitat de corrent són directament proporcionals. La resistència és la **constant de proporcionalitat**.

RESISTIVITAT (ρ) DE D'ALGUNS MATERIALS	
material	**$10^{-8}\ \Omega \cdot m$**
plata	1,59
coure	1,67
or	2,4
alumini	2,8
ferro	10,0
plom	22,0
constantà	49,0
arc de carboni	≃ 6000

Exemples

Determina la diferència de potencial entre els extrems d'una resistència de 20 Ω per on passa una intensitat de corrent de 3 mA.

Expressem la intensitat en unitats SI:

$3\ mA = 3 \cdot 10^{-3}\ A$

Substituïm les dades en la llei d'Ohm:

$V_{1\text{-}2} = I \cdot R = 3 \cdot 10^{-3}\ A \cdot 20\ \Omega = 6 \cdot 10^{-2}\ V = 0{,}06\ V$

Calcula la intensitat que passa per una bombeta de 500 Ω connectada a la xarxa de 230 V.

Aïllem la intensitat de la llei d'Ohm i substituïm les dades:

$V_{1\text{-}2} = I \cdot R \Rightarrow I = \frac{V_{1\text{-}2}}{R} = \frac{230\ V}{500\ \Omega} = 0{,}46\ A$

És a dir, per la bombeta circula un corrent elèctric de 0,46 A.

@ Amplia a la Xarxa...

Treballa la llei d'Ohm a www.tiching.com/732070 amb una simulació o mira un vídeo d'aquesta llei a: www.tiching.com/732071

14. Què és la resistivitat d'un material i quines unitats té?

....

....

15. Explica el concepte de resistència elèctrica:

....

....

....

16. Com comprovaries la llei d'Ohm?

....

....

....

17. Calcula, amb les dades de la taula de la pàgina anterior, la resistència d'un cable de constantà que fa 10 cm i té una secció de 2 mm^2:

18. A quina diferència de potencial està connectada una bombeta al laboratori si hi passa un corrent de 0,2 mA i té una resistència de 30 Ω?

19. Determina la intensitat de corrent que passa per una torradora elèctrica que està connectada a la xarxa de 230 V i té una resistència de 10 Ω:

4 Associació de resistències

- En un circuit hi pot haver més d'un aparell elèctric funcionant. Com que cada un té la seva pròpia resistència, veurem com es troba la **resistència equivalent** de tots.
- Per calcular la resistència equivalent s'observa la connexió (en sèrie o en paral·lel) dels diversos aparells elèctrics.
- Les característiques de les **resistències en sèrie** són:
  - Circula la mateixa intensitat de corrent, I, per cada una de les resistències.
  - La diferència de potencial total és igual a la suma de les diferències de potencial entre els extrems de cada resistència:

$$V_{1-4} = V_{1-2} + V_{2-3} + V_{3-4} + \ldots$$

- Si apliquem la llei d'Ohm i anomenem R_{eq} la resistència equivalent tenim que:

$$I \cdot R_{eq} = I \cdot R_1 + I \cdot R_2 + I \cdot R_3 + \ldots$$

- Com que la intensitat és la mateixa en cada resistència, s'elimina I:

$$R_{eq} = R_1 + R_2 + R_3 + \ldots$$

- La **resistència equivalent** de resistències diverses muntades en sèrie és igual a la suma de totes. Per tant, la resistència equivalent és superior a la més gran de les resistències individuals.
- Les característiques de les **resistències en paral·lel** són:
  - La diferència de potencial entre cada una de les resistències és la mateixa, V.
  - La intensitat total es distribueix entre les resistències:

$$I = I_1 + I_2 + \ldots.$$

  - Si apliquem la llei d'Ohm i anomenem R_{eq} la resistència equivalent, tenim que:

$$V_{1-2} = I \cdot R_{eq} = I_1 \cdot R_1 = I_2 \cdot R_2 = \ldots \Rightarrow \frac{V_{1-2}}{R_{eq}} = \frac{V_{1-2}}{R_1} + \frac{V_{1-2}}{R_2} + \ldots$$

  - Com que la diferència de potencial és la mateixa en cada resistència, s'elimina V_{1-2} i queda:

$$\frac{1}{R_{eq}} = \frac{1}{R_1} + \frac{1}{R_2} + \ldots \Rightarrow R_{eq} = \frac{1}{\frac{1}{R_1} + \frac{1}{R_2} + \ldots}$$

- La **resistència equivalent** de resistències diverses en paral·lel és la inversa de la suma de les inverses d'aquestes resistències. Per tant, la resistència equivalent és inferior a la més petita.

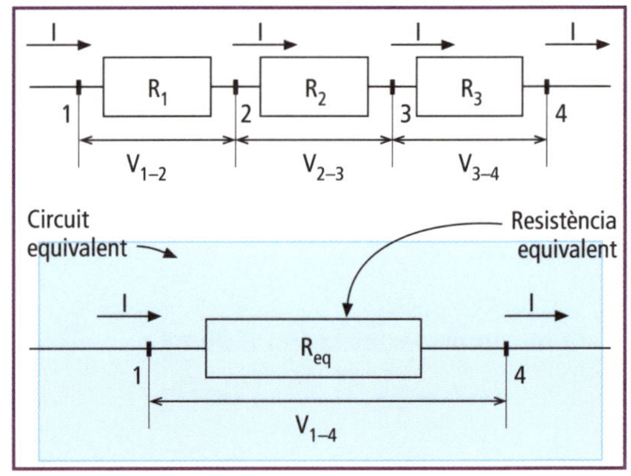

Resistències en sèrie i circuit equivalent.

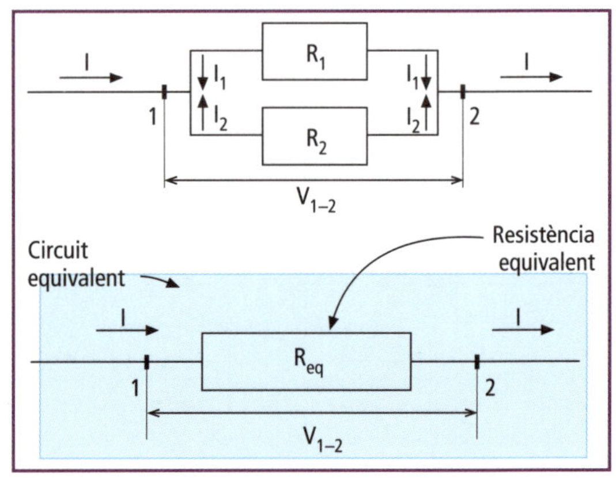

Resistències en paral·lel i circuit equivalent.

20. **Què passarà en un arbre de Nadal si els llums estan connectats en sèrie i se'n fon un. Com haurien d'estar connectats?**

....

....

....

21. **Fixa't en l'exemple i fes les activitats:**

Per al circuit de la figura 1, calcula:

a) La resistència equivalent.

b) La intensitat I que passa pel circuit.

c) Les intensitats I_1 i I_2 que passen per les resistències.

a) La resistència equivalent a les dues que estan en paral·lel és:

$$\frac{1}{R_{eq}} = \frac{1}{R_1} + \frac{1}{R_2} \Rightarrow \frac{1}{R_{eq}} = \frac{1}{5\ \Omega} + \frac{1}{15\ \Omega} = \frac{4}{15\ \Omega} \Rightarrow R_{eq} = 3{,}75\ \Omega$$

b) Podem substituir el circuit de l'enunciat per un altre de més senzill equivalent, amb una única resistència de 2 Ω per on circula la mateixa intensitat I que pel circuit real.

Apliquem la llei d'Ohm:

$$V_{1\text{-}2} = I \cdot R_{eq} \Rightarrow 15\ \text{V} = I \cdot 3{,}75\ \Omega \Rightarrow I = \frac{15\ \text{V}}{3{,}75\ \Omega} = 4\ \text{A}$$

Aquesta intensitat és la que passa pel circuit real i es divideix en dos per les dues resistències en paral·lel.

c) Per calcular el valor de les dues intensitats apliquem la llei d'Ohm a cada una de les resistències, sabent que totes dues estan sotmeses a una diferència de potencial de 15 V:

$$V_{1\text{-}2} = I_1 \cdot R_1 \Rightarrow 15\ \text{V} = I_1 \cdot 5\ \Omega \Rightarrow I_1 = \frac{15\ \text{V}}{5\ \Omega} = 3\ \text{A}$$

$$V_{1\text{-}2} = I_2 \cdot R_2 \Rightarrow 15\ \text{V} = I_2 \cdot 15\ \Omega \Rightarrow I_2 = \frac{15\ \text{V}}{15\ \Omega} = 1\ \text{A}$$

S'ha de complir que $I_1 + I_2 = I$. En efecte: 3 A + 1 A = 4 A

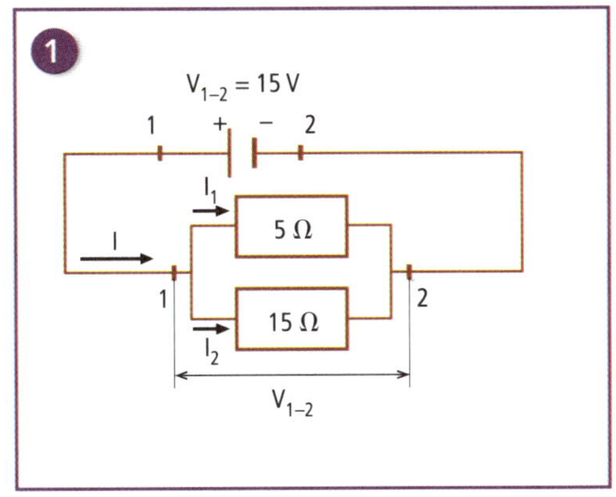

Circuit amb dues resistències de 5 Ω i 3 Ω en sèrie.

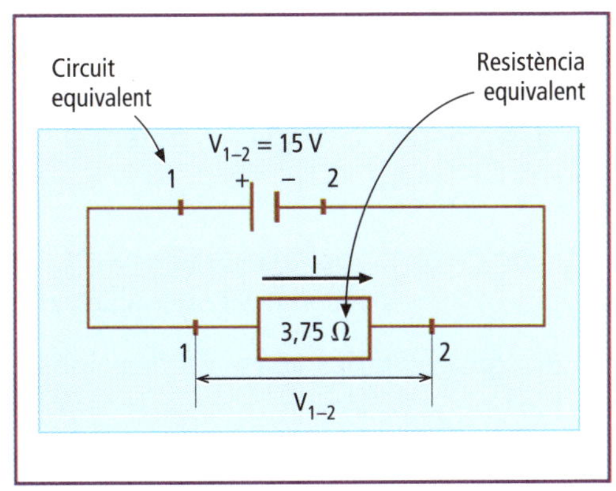

Circuit equivalent al de la figura 1.

– Dues resistències de 2 Ω i de 4 Ω estan connectades en paral·lel i el seu conjunt unit, al seu torn, a una pila de 3 V. Calcula:

a) La resistència equivalent.

b) La intensitat, I, que passa pel circuit.

c) Les intensitats I_1 i I_2 que passen per cada una de les resistències.

a

b

c

5 Energia i potència del corrent elèctric

- Per mantenir en els generadors la diferència de potencial necessària perquè hi passi el corrent, cal que tinguin **energia elèctrica**.
- El valor que consumeixen els generadors i els aparells elèctrics té l'expressió següent:

$$E = V_{1\text{-}2} \cdot I \cdot t$$

on $V_{1\text{-}2}$ és la diferència de potencial (en volts); I la intensitat del corrent (en amperes) i t, el temps (en segons).

- Segons la llei d'Ohm, $V_{1\text{-}2} = I \cdot R$; per tant, l'energia també es pot expressar així:

$$E = I^2 \cdot R \cdot t$$

- Les **unitats** en què es mesura l'energia elèctrica són dues:
  - El **joule**, J (unitat d'energia en el sistema internacional).
  - El **quilowatt hora**, kWh (1 kWh = $3{,}6 \cdot 10^6$ J).
- La **potència elèctrica**, P, és una magnitud pròpia de cada aparell elèctric i indica l'energia que aquest consumeix per unitat de temps:

$$P = \frac{E}{t} = V_{1\text{-}2} \cdot I = I^2 \cdot R$$

- La relació entre l'**energia** i la **potència** és, per tant:

$$E = P \cdot t$$

- La unitat de potència en el SI és el **watt**, W. S'utilitza també un múltiple d'aquesta unitat, el **quilowatt**, kW (1 kW = 10^3 W).
- Els aparells elèctrics porten indicacions entre les que hi ha el valor de la potència. Si un assecador té una potència de 1200 W, si l'utilitzem 5 minuts, consumeix:

$$E = P \cdot t = 1200\ \text{W} \cdot 5\ \text{min} \cdot 60\ \text{s/min} = 3{,}6 \cdot 10^5\ \text{J} = 0{,}1\ \text{kWh}$$

- El pas dels electrons pels circuits, a causa de la resistència que troben al seu camí, genera calor. La **transformació** d'**energia elèctrica** en **energia calorífica** rep el nom d'**efecte Joule**. La llei de Joule estableix:

$$Q = V_{1\text{-}2} \cdot I \cdot t = I^2 \cdot R \cdot t$$

- Les unitats són les mateixes que les de qualsevol tipus d'energia: el joule, J, en el SI, i el quilowatt hora, kWh.

Exemple

Un radiador elèctric indica que té una potència de 3000 W. Si el connectem a 230 V, determina:

a) La intensitat que circula pel radiador.

b) L'energia elèctrica que consumeix en una hora i mitja, en J i en kWh.

c) L'energia calorífica que produeix en aquest mateix temps.

a) $P = V_{1\text{-}2} \cdot I \Rightarrow I = \frac{P}{V_{1\text{-}2}} = \frac{3000\ \text{W}}{230\ \text{V}} = 13{,}04\ \text{A}$

b) Expressem el temps en segons i substituïm les dades:

$1{,}5\ \text{h} = 1{,}5\ \text{h} \cdot 3600\ \text{s/h} = 5400\ \text{s}$

$E = V_{1\text{-}2} \cdot I \cdot t = 230\ \text{V} \cdot 13{,}04\ \text{A} \cdot 5400\ \text{s} =$

$= 16\,195\,680\ \text{J} = \frac{16\,195\,680\ \text{J}}{3{,}6 \cdot 10^6\ \text{J/kWh}} = 4{,}5\ \text{kWh}$

c) L'energia calorífica que produeix és igual a l'energia elèctrica que consumeix.

@ Amplia a la Xarxa...

Mira un vídeo sobre la transformació de l'energia elèctrica en calor a: www.tiching.com/732072

Mira un vídeo sobre la bombeta a: www.tiching.com/732073

22. **Posa exemples raonats d'aparells elèctrics la utilitat dels quals es basa en l'efecte Joule:**

....

....

....

....

23. **Explica la necessitat que en tots els aparells elèctrics se n'indiqui la potència:**

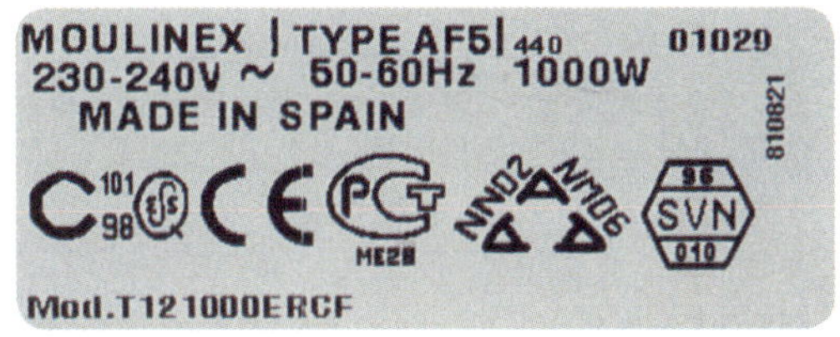

24. **Una batedora elèctrica està endollada a la xarxa de 230 V. Sabent que hi passa una intensitat de 2 A, calcula:**

a) L'energia elèctrica que consumeix durant un minut i mig de funcionament. Expressa-ho en joules i en kWh.

b) La potència de la batedora.

a

b

25. **Un forn elèctric té una potència de 3000 W. Si el connectem a la xarxa de 230 V, calcula:**

a) La intensitat que circula pel forn.

b) L'energia elèctrica que consumeix en mitja hora de funcionament. Expressa-ho en joules i en kWh.

c) L'energia calorífica que produeix durant aquest temps.

a

b

c

6 El consum elèctric a la llar

- L'**energia elèctrica** es produeix a les **centrals elèctriques**, es distribueix per les poblacions i ens arriba a través de la **xarxa elèctrica**.
- Cada aparell connectat a la xarxa elèctrica rep una tensió de 230 V i consumeix una energia, que depèn del temps que dura el seu ús. Una planxa de 2000 W de potència, en 30 min, consumeix:

$$E = P \cdot t = 2000\ W \cdot 1/2\ h \cdot 3600\ s/h = 3,6 \cdot 10^6\ J = 1\ kWh$$

- L'energia elèctrica que es consumeix no és gratuïta: s'ha d'abonar a la companyia distribuïdora. Els **comptadors** controlen el consum d'energia, indicat en kWh, que es gasta a cada habitatge.
- El **rebut de l'electricitat** és el document que presenta la companyia subministradora en el qual indica la despesa efectuada d'energia elèctrica (en kWh) i el cost que això suposa. S'hi detallen conceptes diversos:
  - **Potència contractada**. Tota la potència de què podem disposar. Depèn de quants aparells poden arribar a funcionar al mateix temps. Com més gran sigui, més gran és el cost.
  - **Electricitat consumida**. Producte de l'energia consumida en kWh pel cost en euros de cada kWh.
  - **Lloguer del comptador**. El comptador elèctric no és propietat nostra, sinó que es lloga a la companyia elèctrica.
- A més de la integritat dels aparells elèctrics, les instal·lacions elèctriques han de garantir la seguretat de les persones. S'ha d'evitar al màxim el risc de **xoc elèctric** seguint certes normes de seguretat.

aparells	potència aproximada
bombetes	40 W – 200 W
planxa	1500 W
forn	3500 W
torradora	800 W
rentadora	2500 W
televisor	200 W
rentavaixella	3000 W

Potències aproximades dels aparells elèctrics més comuns en l'àmbit domèstic.

26. **Escriu una norma de seguretat per a cada imatge:**

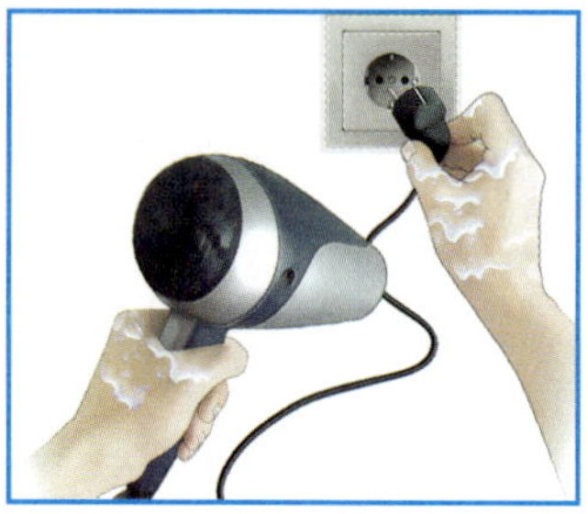

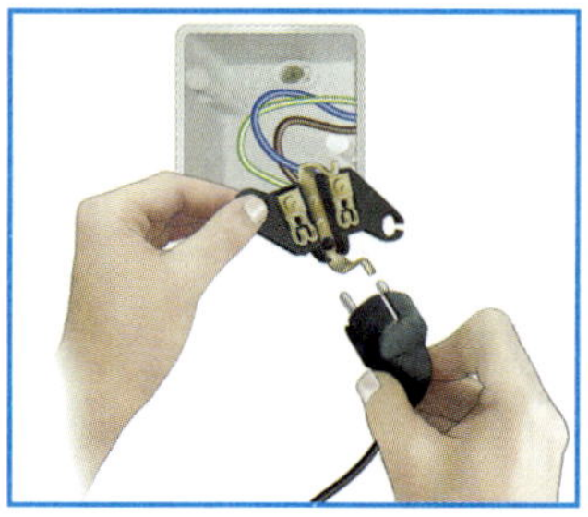

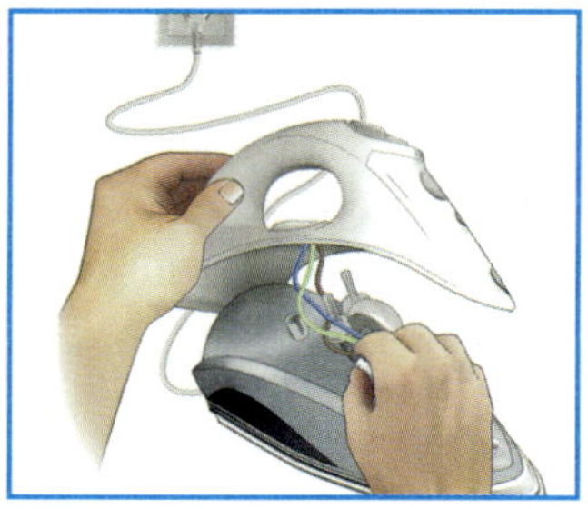

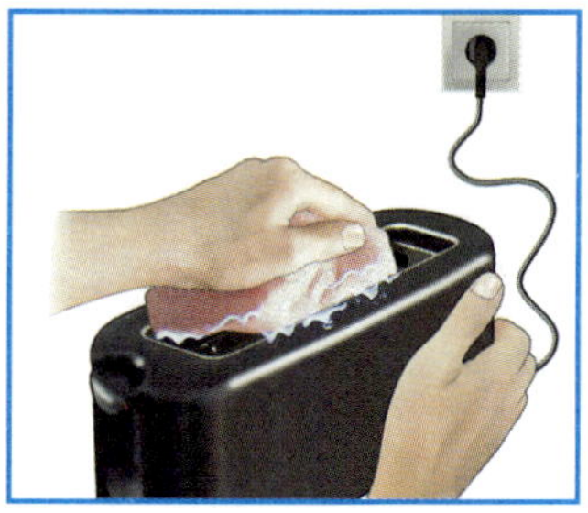

27. **Busca l'últim rebut d'electricitat de casa teva i anota la informació següent:**

– Potència contractada: ....

– Energia consumida: ....

– Total energia: ....

– Reflexiona sobre la relació entre l'energia consumida i el preu final (heu consumit gaire electricitat?, és cara?, etc.):

....

....

28. **Llegeix els exemples i resol l'activitat:**

Un rentaplats de 2000 W funciona durant tres quarts d'hora cada dia i està connectat a la xarxa de 230 V. Calcula: a) la intensitat que hi circula; b) l'energia elèctrica que consumeix al mes (suposa mesos de 30 dies); c) el que costa cada mes el seu funcionament, suposant que el preu del kWh sigui de 0,1 €.

a) A partir de la relació entre potència i intensitat, $P = V_{1\text{-}2} \cdot I$, aïllem la intensitat:

$$I = \frac{P}{V_{1\text{-}2}} = \frac{2000\ \text{W}}{230\ \text{V}} = 8{,}7\ \text{A}$$

b) Calculem l'energia consumida al dia:

$$E_{dia} = V_{1\text{-}2} \cdot I \cdot t = P \cdot t = 2000\ \text{W} \cdot 2700\ \text{s} =$$

$$= 54 \cdot 10^5\ \text{J} = \frac{54 \cdot 10^5\ \text{J}}{3{,}6 \cdot 10^6\ \text{J/kWh}} = 1{,}5\ \text{kWh}$$

En un mes: $E_{mes} = 1{,}5\ \text{kWh} \cdot 30 = 45\ \text{kWh}$

c) Cost = 45 kWh · 0,01 €/kWh = 4,5 €

Canviem una bombeta de filament de 100 W per una altra de baix consum que indica 15 W. Comprova l'estalvi anual si el llum està connectat a la xarxa de 230 V, funciona 3 hores cada dia i el preu del kWh és de 0,1 €.

t = 3 h/dia = 3 h/dia · 365 dies =

= 1095 h · 3600 s/h = 3942000 s

Energia que consumeix la bombeta de filament (E_1) i la de baix consum (E_2):

$$E_1 = P_1 \,.\, t = 100\ \text{W} \cdot 3942000\ \text{s} = 3942 \cdot 10^5\ \text{J} =$$

$$= \frac{3942 \cdot 10^5\ \text{J}}{3{,}6 \cdot 10^6\ \text{J/kWh}} = 109{,}5\ \text{kWh}$$

$$E_2 = P_2 \cdot t = 15\ \text{W} \cdot 3942000\ \text{s} = 591{,}3 \cdot 10^5\ \text{J} =$$

$$= \frac{591{,}3 \cdot 10^5\ \text{J}}{3{,}6 \cdot 10^6\ \text{J/kWh}} = 16{,}4\ \text{kWh}$$

Estalvi d'energia i de despesa:

$E_1 - E_2$ = 109,5 kWh – 16,4 kWh = 93 kWh

$A = (E_1 - E_2) \cdot 0{,}083$ = 93 kWh · 0,1 € /kWh = 9,3 €

– Calcula la potència que necessitem contractar perquè puguin funcionar a la vegada aquests aparells elèctrics: 10 bombetes de 100 W, 1 rentadora de 2000 W, 3 radiadors elèctrics de 400 W, 1 cuina amb tres focs, de 600 W cada un, 1 nevera de 700 W, 1 televisor de 150 W i 1 microones de 1000 W.

Podem escollir entre 2,2 kW, 3,3 kW, 4,4 kW, 5,5 kW, 6,6 kW i 7,7 kW.

7 L'electricitat a la llar

- A les nostres llars els **circuits elèctrics** consten d'una gran diversitat d'elements:
  - **Endolls**. Substitueixen les piles dels circuits. A través dels endolls arriba el corrent elèctric a les nostres llars.
  - **Cables elèctrics**. Condueixen el corrent elèctric.
  - **Interruptors**. Permeten (encendre) o tallen (apagar) el pas del corrent.
  - **Aparells elèctrics**. Utilitzen el corrent elèctric per produir calor, llum, moviment, so... Són les làmpades, rentadores...
  - **Diferencials**. Situats a l'entrada de la casa, eviten que hi hagi curtcircuits o sobrecàrrega de tensió pel funcionament de massa aparells.
- La majoria dels aparells elèctrics porten una sèrie d'elements electrònics per funcionar.
- Actualment, es fabriquen de mida mil·limètrica i s'insereixen en els anomenats **microxips** o **circuits integrats**.

Element del circuit i el seu símbol		
		Transformador per reduir la tensió de 230 V a 12 V, 24 V... i el seu símbol.
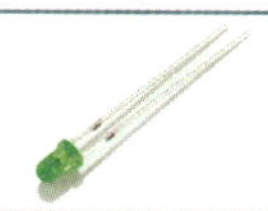	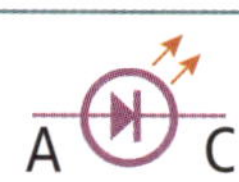	LED que fa llum de diversos colors i el seu símbol.
		Diode, que deixa passar el corrent en un sentit i no en l'altre i el seu símbol.
		Resistències i el seu símbol.
	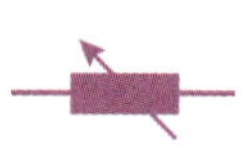	Potenciòmetre, que és una resistència de valor variable, i el seu símbol.
	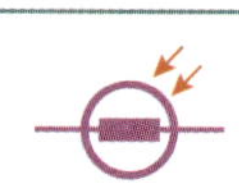	Fotocèl·lula, que talla el pas de corrent quan no li arriba la llum, i el seu símbol.
	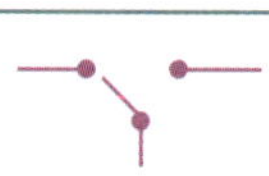	Interruptor del circuit i el seu símbol.

@ Amplia a la Xarxa...

Mira un vídeo sobre el funcionament del quadre elèctric d'un habitatge a: www.tiching.com/732074

Símbols i abreviatures als aparells elèctrics

L'**etiqueta energètica** que porten els aparells elèctrics informa de:

- La seva eficiència energètica (com més eficient, menys energia elèctrica consumeix), indicada mitjançant unes barres de colors.
- El seu consum anual.
- El soroll que provoca.
- La capacitat de rentada, el consum d'aigua, l'emmagatzematge...

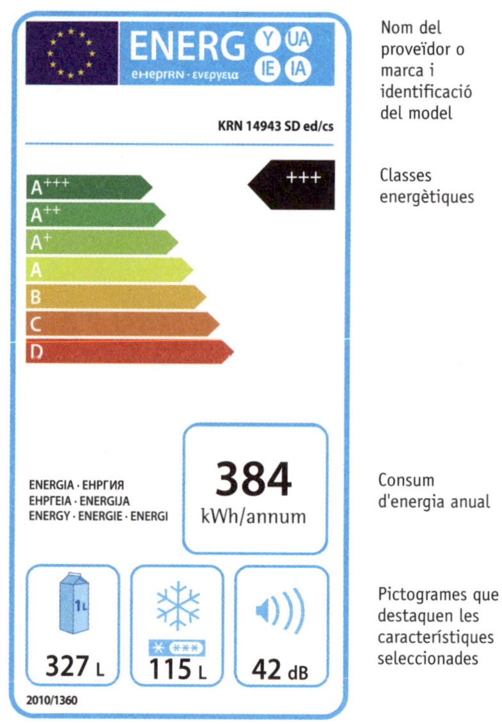

29. Per què no es veuen els cables elèctrics a les cases? On penses que són?

....

....

....

30. **Situa cada element al lloc corresponent:**

1. endoll
2. cable elèctric
3. interruptor
4. aparell elèctric
5. diferencials

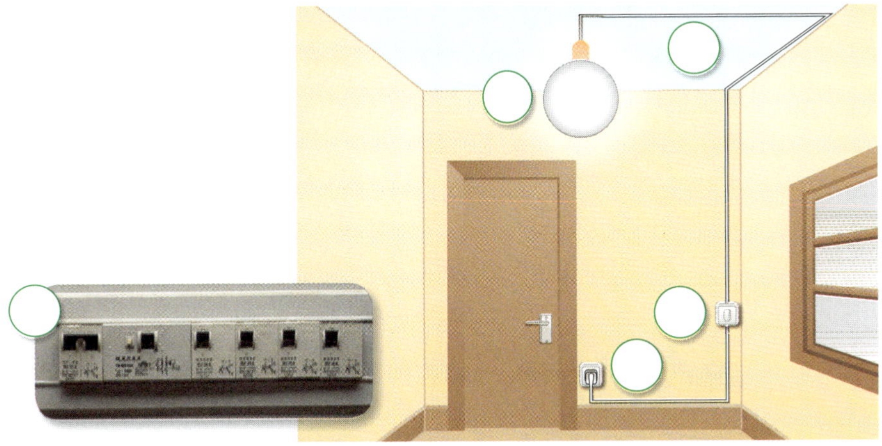

31. **Fixa't en els aparells elèctrics de casa teva:**

– Funcionen tots amb un endoll? ....

– Indica quins no i explica quin generador de corrent tenen:

....

....

32. **Fes una llista amb els aparells elèctrics que es fan servir per:**

Donar llum ....

Donar calor ....

Produir moviment ....

33. **Esbrina què són els circuits integrats, on se solen utilitzar i com han evolucionat els darrers anys:**

....

....

....

....

34. **Dibuixa els símbols dels elements següents d'un circuit:**

Interruptor	Resistència	Potenciòmetre	Transformador

35. Descriu de quin element del circuit agafen l'energia els electrons per posar-se en moviment de manera ordenada i produir el corrent elèctric al llarg del circuit:

36. Un circuit elèctric l'amperímetre del qual indica 25 μA es manté tancat durant 1 minut. Calcula la càrrega que ha circulat pel circuit i expressa-la en coulombs i en electrons:

37. Explica com influeix en la resistència d'un cable elèctric la seva llargada i la seva secció:

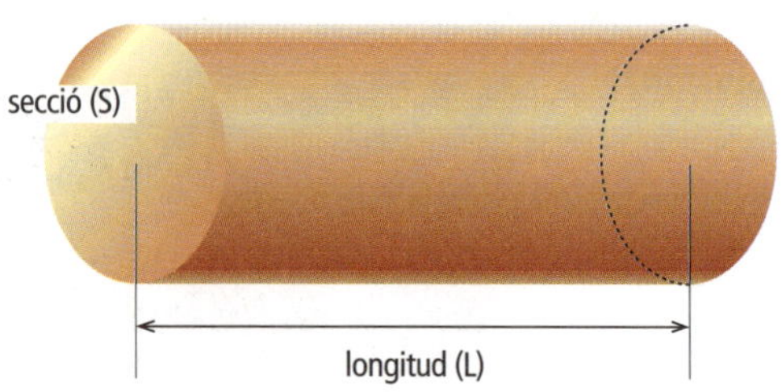

38. Determina la resistència d'una torradora elèctrica que, connectada a la xarxa de 230 V, deixa passar un corrent elèctric d'intensitat 3 mA:

39. Les dades de la taula corresponen a les d'un circuit amb generador de tensió variable i amb una sola resistència, mesurats amb un voltímetre i un amperímetre. Completa la taula:

V (V)	*I* (mA)
15	
	6
45	9
60	

40. Per als circuits de la figura, calcula:

a) La resistència equivalent.

b) La intensitat total que passa pel circuit i per cada una de les resistències.

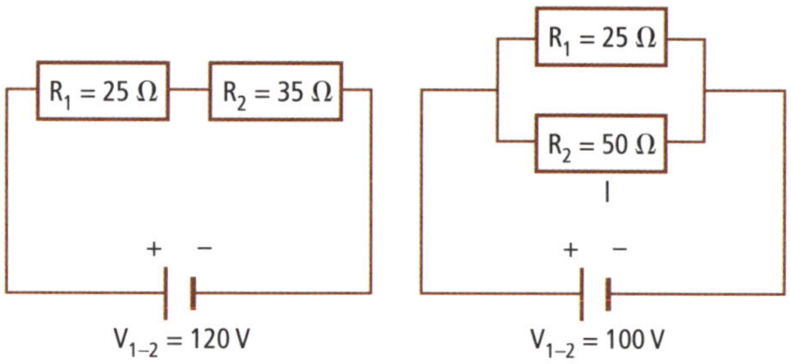

CONTESTA LA PREGUNTA INICIAL

Com ens arriba el corrent elèctric a casa?

....

....

....

....

....

....

....

....

....

....

....

CONSOLIDA EL QUE HAS APRÈS

41. Indica amb quins materials estan fabricats els cables elèctrics:

◯ alumini ◯ ferro ◯ coure

42. Relaciona els elements dels circuits amb la funció que fan:

1 generador	◯ Uneixen els diferents elements del circuit.
2 cable elèctric	◯ Necessiten corrent elèctric per funcionar.
3 interruptor	◯ Dóna energia als electrons.
4 aparells	◯ És el tipus més senzill de generador.
5 pila	◯ Tanca i obre el circuit.

43. Explica la relació entre el comptador elèctric d'un habitatge amb la potència dels aparells elèctrics que hi ha:

....

....

....

44. Relaciona els conceptes de la columna de l'esquerra amb els de la dreta:

amperímetre •	• mateixa intensitat
voltímetre •	• amperes
pila •	• ohms
resistència •	• intensidad
bombeta •	• mateixa tensió
resistències en sèrie •	• volts
resistències en paral·lel •	• tensió
intensitat •	• llum
tensió •	• energia

45. Escriu el nom de cada element:

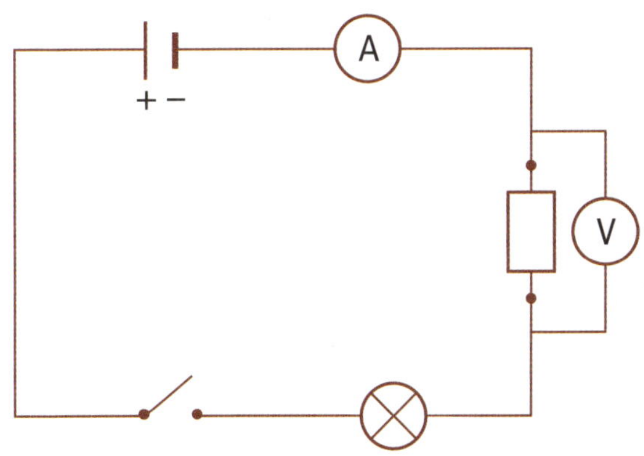

46. Localitza 14 paraules relacionades amb el tema:

F	R	N	G	B	O	M	B	E	T	A	I	J	A	J
X	Q	A	M	P	E	R	I	M	E	T	R	E	W	Q
W	R	S	U	N	C	S	P	O	T	E	N	C	I	A
S	E	B	H	D	P	B	I	P	I	L	A	Y	U	L
E	S	Z	D	V	A	G	E	Z	E	V	L	I	W	Q
R	I	L	H	C	R	E	N	B	C	O	M	J	K	D
I	S	V	Q	A	A	N	E	P	B	L	Z	O	M	Z
E	T	C	L	B	L	E	R	G	A	T	A	U	I	M
L	E	V	Y	L	L	R	G	V	U	I	I	L	C	L
E	N	S	I	E	E	A	I	W	V	M	W	E	I	F
C	C	Y	O	H	L	D	A	G	C	E	N	J	Z	D
T	I	V	M	Q	R	O	F	V	Q	T	H	X	I	N
R	A	J	D	S	H	R	J	D	V	R	R	A	Z	I
O	A	S	V	K	I	V	Y	M	F	E	M	U	C	N
A	M	C	T	M	U	L	T	I	M	E	T	R	E	M

12 ELECTROMAGNETISME

Quina relació hi ha entre electricitat i magnetisme?

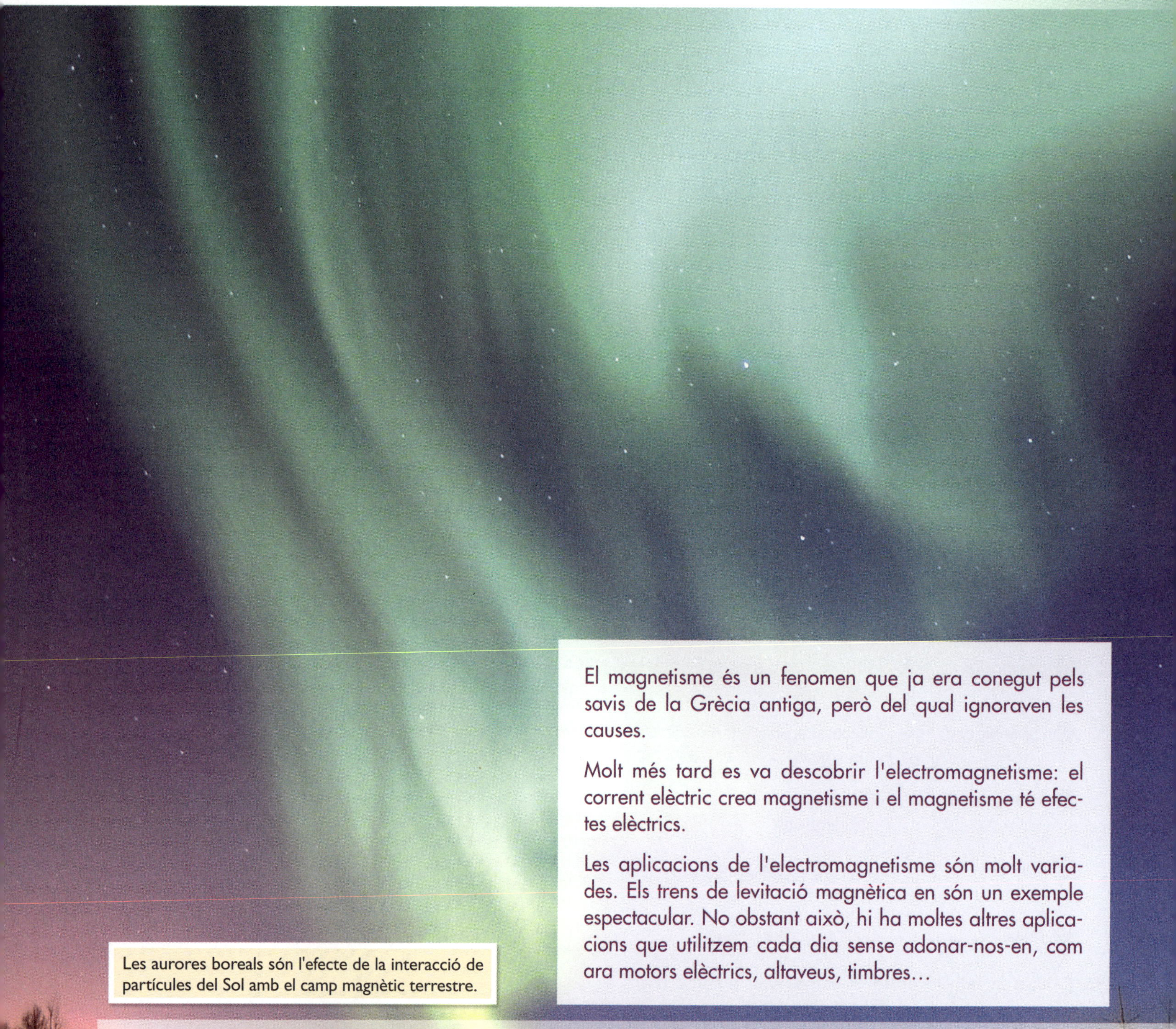

Les aurores boreals són l'efecte de la interacció de partícules del Sol amb el camp magnètic terrestre.

El magnetisme és un fenomen que ja era conegut pels savis de la Grècia antiga, però del qual ignoraven les causes.

Molt més tard es va descobrir l'electromagnetisme: el corrent elèctric crea magnetisme i el magnetisme té efectes elèctrics.

Les aplicacions de l'electromagnetisme són molt variades. Els trens de levitació magnètica en són un exemple espectacular. No obstant això, hi ha moltes altres aplicacions que utilitzem cada dia sense adonar-nos-en, com ara motors elèctrics, altaveus, timbres...

S. XII

S. XII — A la Xina ja feien servir la brúixola per a la navegació.

S. XVI

1600

William Gilbert (1544-1603) estableix el comportament de la Terra com un gran imant.

1800-1849

1820

Hans C. Oersted (1777-1851) descobreix que el corrent elèctric crea un camp magnètic.

1831

Michael Faraday (1791-1867) i Joseph Henry (1797-1878), independentment, descobreixen que un camp magnètic variable genera corrent elèctric.

1840

Karl Gauss (1777-1855) i Wilhelm Weber (1804-1891) dissenyen el primer telègraf electromagnètic.

Què sabem?

1. Respon:

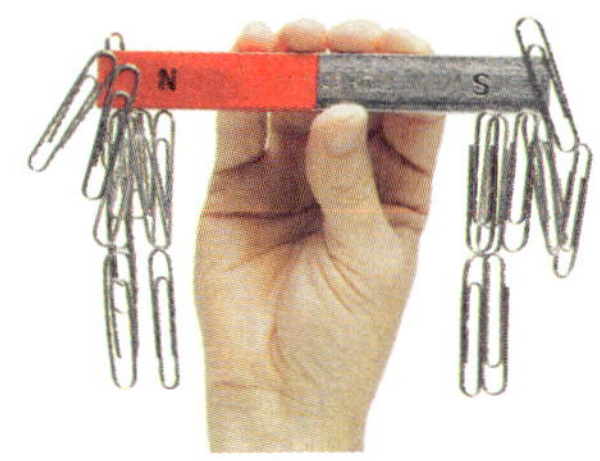

– Quins efectes coneixes dels imants?

....

....

– Saps si els imants tenen alguna cosa a veure amb el corrent elèctric?

....

....

2. Dibuixa una brúixola. Com penses que funciona?

....

....

....

....

....

3. Fixa't en la línia del temps inferior i relaciona. A continuació, ordena cronològicament cada avenç científic:

◯ Descobreixen que un camp magnètic variable genera corrent elèctric. •	• Nikola Tesla
◯ Estableix el comportament de la Terra com un gran imant. •	• M. Faraday i J. Henry
◯ Explica les relacions entre electricitat i magnetisme. •	• William Gilbert
◯ Descobreix que el corrent elèctric crea un camp magnètic. •	• James Maxwell
◯ Inventa la ràdio. •	• K. Gauss i W. Weber
◯ Dissenyen el primer telègraf electromagnètic. •	• Hans. C. Ørsted

1850-1899

• 1860 James Maxwell (1831-1879) explica les relacions entre l'electricitat i el magnetisme.

• 1873 Es comercialitza el primer motor elèctric.

• 1895

Nikola Tesla (1856-1943) inventa la ràdio, que transmet ones electromagnètiques sense fils.

1900-1949

• 1937 Primeres transmissions de televisió a França i al Regne Unit.

1 Magnetisme i imants

- El **magnetisme** és una propietat de la matèria per la qual certes substàncies són capaces d'atreure determinats metalls.
- Pocs metalls són atrets per substàncies magnètiques, com ara el ferro o l'acer. Aquests materials s'anomenen *ferromagnètics*. Els imants no atreuen materials no metàl·lics (plàstic, fusta...) ni molts materials metàl·lics (alumini, coure...).
- Un **imant** és un objecte format per una substància amb propietats magnètiques. N'hi ha de dos tipus:
  - Els **imants naturals** són fragments de materials que tenen aquesta propietat de manera natural, com ara la magnetita.
  - Els **imants artificials** estan formats per substàncies a les quals se'ls transmet artificialment el magnetisme. N'hi ha de dos tipus:
    - **Imants temporals**. Perden el magnetisme progressivament.
    - **Imants permanents**. Mantenen sempre el magnetisme.
- Les característiques bàsiques dels imants són:
  - Tenen les propietats magnètiques més acusades als extrems, anomenats **pols**. Cada imant té dos pols, **pol nord (N)** i **sud (S)**.
  - Els seus pols no es poden aïllar: no es pot aconseguir un imant amb un sol pol. Si agafem un imant i el dividim en dos trossos, cada tros torna a tenir dos pols.
  - Entre els pols apareixen forces d'**atracció** i de **repulsió**.
    - Els pols de **diferent nom** s'**atrauen**.
    - Els pols del **mateix nom** es **repel·leixen**.
- Anomenem **camp magnètic** la zona de l'espai situada al voltant d'un imant on se n'aprecien els efectes.
- Per representar gràficament el camp magnètic utilitzem les **línies de camp magnètic**.
  - Les línies del camp es concentren al voltant dels pols, on les propietats magnètiques són més acusades.
  - Les línies del camp sempre són **tancades**: surten per un pol i entren per l'altre. Per conveni, es considera que van del pol nord al pol sud.

La magnetita és un mineral que presenta la propietat del magnetisme de manera natural.

Els imants artificials, com ara la ferradura d'acer, s'obtenen per imantació de substàncies no magnètiques.

@ Amplia a la Xarxa...

Accedeix a una simulació del camp magnètic d'un imant a: www.tiching.com/732081

4. Indica en quin moment i en quin mineral es va descobrir el magnetisme:

....

....

....

5. Indica la diferència entre imantar un tros de ferro i imantar un tros d'acer:

....

....

6. **Completa l'esquema:**

7. **Explica les característiques dels imants a partir de la imatge:**

a)

b)

c)

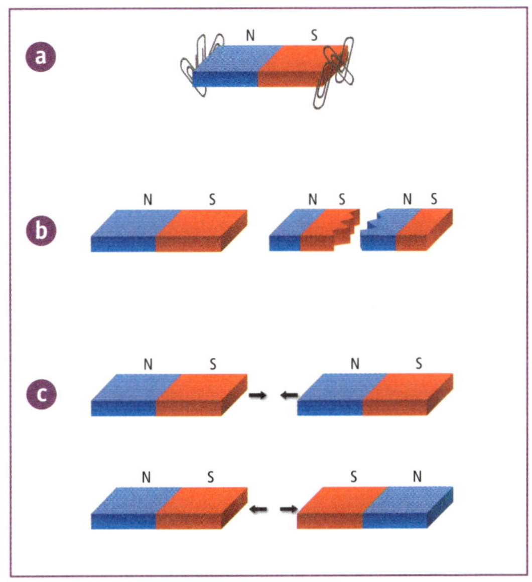

8. **Què s'observa si posem llimadures de ferro sobre un paper sota del qual hi ha un imant?**

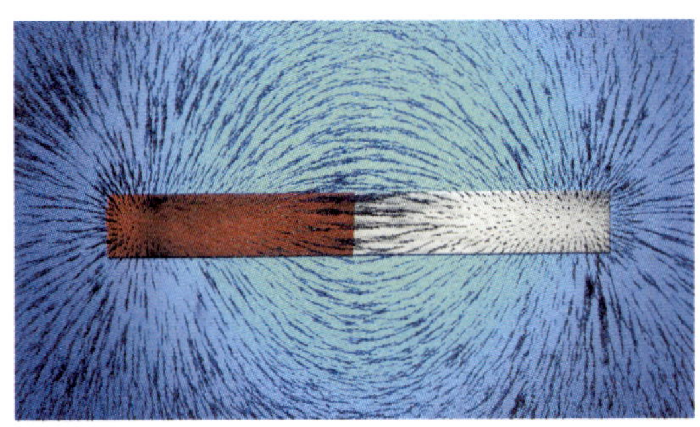

9. **Escriu si és veritable (V) o fals (F):**

- ◯ Un imant és un objecte amb dos pols que atreu els electrons.
- ◯ Els imants artificials no creen camp magnètic al seu voltant.
- ◯ Si partim un imant per la meitat, ens queda un pol a cada tros.
- ◯ Els pols de diferent nom de dos imants es repel·leixen.

2 La brúixola i el magnetisme terrestre

- S'anomena **pol nord** l'imant que apunta cap al pol nord geogràfic, i **pol sud** el que apunta al pol sud geogràfic.
- L'imant s'alinea perquè a sobre hi actua el **camp magnètic terrestre**. La Terra és com un imant els pols magnètics de la qual:
  - Són a prop dels pols geogràfics, tot i que amb una lleugera desviació.
  - Estan invertits respecte dels pols geogràfics. És a dir, al pol nord geogràfic li correspon el pol sud magnètic terrestre i al pol sud geogràfic li correspon el pol nord magnètic terrestre.
- Tot i que la intensitat del camp magnètic terrestre és molt baixa, s'aprecia a l'espai a milers de kilòmetres de distància de la Terra.
- L'orientació sud-nord de la terra no ha estat sempre l'actual. Hi ha hagut variacions al llarg de l'existència del nostre planeta.
- Una **brúixola** és un petit imant en forma d'agulla que pot girar lliurement al voltant d'un eix perpendicular. S'emmarca en un cercle graduat on hi ha indicats els punts cardinals i s'assenyala l'extrem que apunta cap al nord.
- Per desplaçar-nos per una zona desconeguda, hem de disposar d'un **mapa** (ens situa localitzant el punt de partida i el de destinació) i una **brúixola** (orienta alineant els meridians amb l'agulla, en direcció nord-sud).

Mapa orientat mitjançant la brúixola.

@ Amplia a la Xarxa...

Visiona un vídeo sobre el magnetisme i el camp magnètic terrestre a: www.tiching.com/732082

El camp magnètic terrestre

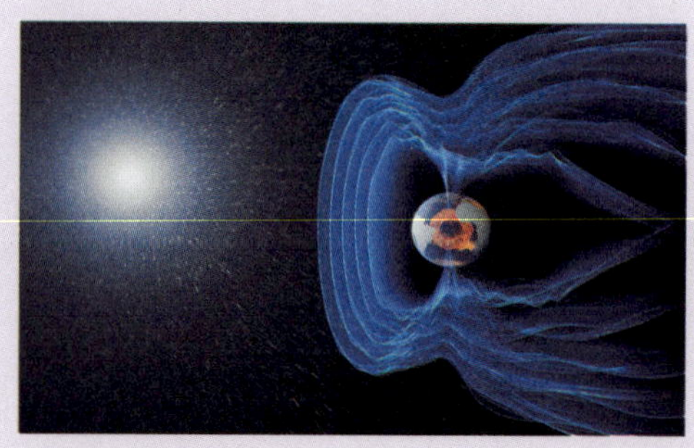

- El **camp magnètic terrestre** és la causa de diferents fenòmens atmosfèrics i protegeix el planeta d'algunes radiacions del Sol.
  - Les **aurores** són fenòmens lluminosos impressionants que apareixen a l'alta atmosfera en forma de raigs, arcs, bandes, cortines, corones... S'acostumen a presentar amb preferència a les regions pròximes als pols: aurores **boreals** (pol nord) i aurores **australs** (pol sud).
  - El camp magnètic terrestre crea una capa invisible que envolta tota la Terra excepte la zona dels seus pols magnètics. Aquesta capa, anomenada **magnetosfera**, protegeix la vida i l'atmosfera terrestres. Impedeix que arribin a la superfície terrestre les partícules carregades i calentes que emet el Sol, que surten llançades a grans velocitats i són transportades per l'anomenat vent solar.

10. **Explica raonadament per què diem que la Terra és un gran imant:**

....

....

....

....

11. Descriu com estan situats els pols del camp magnètic terrestre:

....

....

....

....

....

....

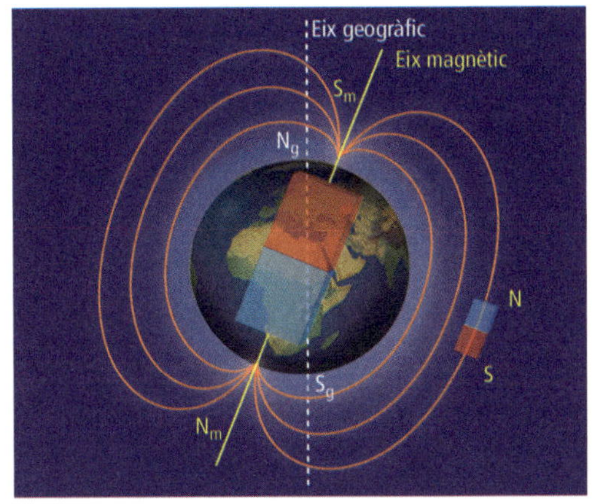

12. Indica com fabricaries una brúixola:

....

....

13. Per a què s'utilitza la brúixola? Què podem fer amb ella i amb un plànol quan anem d'excursió?

....

....

....

14. Penses que segueix sent útil la brúixola avui en dia en què podem disposar d'un GPS?

....

....

....

....

....

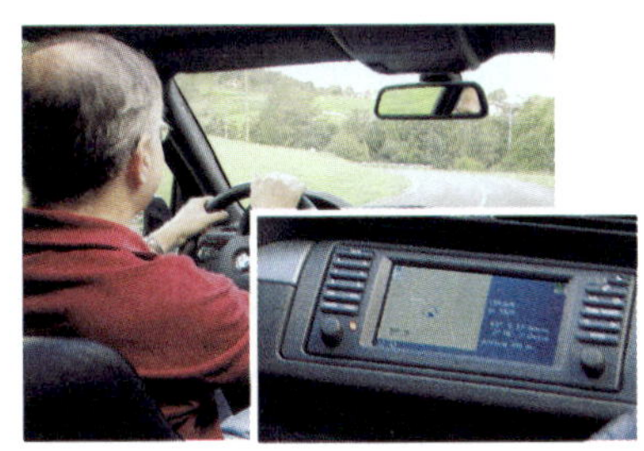

15. Què representa la imatge en relació amb el camp magnètic terrestre?

....

....

....

....

....

3 Corrent elèctric i magnetisme

- Cap a l'any 1820, el físic danès Hans Christian Øersted va observar que el corrent elèctric que circulava per un fil conductor era capaç de desviar l'agulla magnetitzada d'una brúixola propera.
  - Si no circula corrent pel fil, la brúixola s'orienta nord-sud. **a**
  - Si circula corrent pel fil, la brúixola es desvia fins a orientar-se en la direcció perpendicular al fil conductor. **b**
- L'explicació d'aquest fet és que el corrent elèctric produeix un camp magnètic superior al terrestre, per la qual cosa la brúixola s'orienta segons el camp que crea el corrent, que és més intens.
- A partir d'aquest descobriment, va resultar evident la relació entre **electricitat** i **magnetisme**.
- El moviment dels electrons en els àtoms d'un material genera petits corrents que, al seu torn, creen imants diminuts.
  - En un material no imantat, aquests imants estan orientats a l'atzar.
  - En un material imantat, s'orienten de manera idèntica i se'n sumen els efectes.
- Els materials en els quals passa això són alguns metalls que anomenem **ferromagnètics**. En són exemples el ferro i l'acer.
- Un cable metàl·lic enrotllat sobre un suport formant un cilindre s'anomena **bobina** o **solenoide**.
- Si per una bobina circula corrent elèctric, s'observa que es crea un camp magnètic idèntic al d'un imant.
- Com més intensitat del corrent que circula i com més voltes (*espires*) tingui la bobina, més intens serà el camp magnètic.
- En col·locar a l'interior d'una bobina una barra de ferro lliure d'impureses, el camp magnètic creat és més gran. Per això, quan es volen obtenir imants molt potents s'utilitza aquest muntatge.
- La bobina amb una barra de ferro a l'interior s'anomena **electroimant**, perquè funciona com un imant quan hi circula el corrent elèctric. Quan el corrent cessa, deixa de ser magnètic.

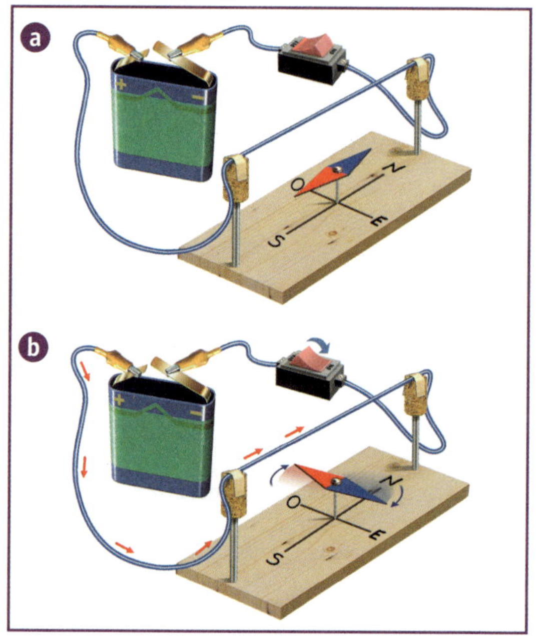

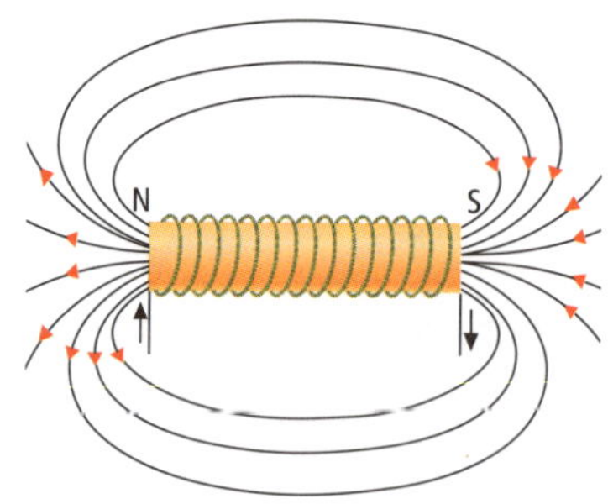

Camp magnètic creat per una bobina per la qual circula corrent elèctric.

16. **Explica qui va descobrir que el corrent elèctric crea magnetisme, com ho va fer i quan. Et sembla que va tenir interès, aquest descobriment?**

....

....

....

....

....

17. **Relaciona i descriu cada fenomen:**

1 material imantat 2 material no imantat

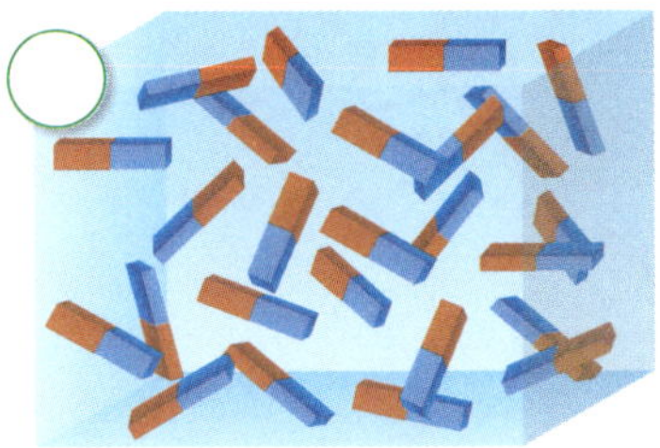

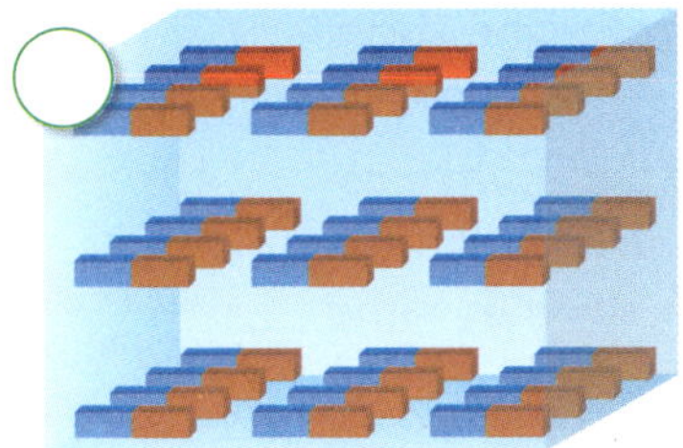

1 ....

....

2 ....

....

18. **Explica en què consisteix un electroimant. Penses que són útils els electroimants?**

....

....

....

....

....

19. **Quines propietats especials tenen els materials ferromagnètics?**

....

....

20. **Explica per què convé posar una barra de ferro dins de la bobina d'un electroimant:**

....

....

....

....

21. **Fixa't en el tren de levitació magnètica, busca informació sobre el seu funcionament i resumeix-lo:**

....

....

....

....

....

....

4 Aplicacions de l'electromagnetisme

- En molts electrodomèstics el corrent elèctric fa girar les seves parts mòbils. El moviment en tots aquests aparells prové d'un motor elèctric, un mecanisme que transforma energia elèctrica en energia cinètica, en forma de moviment circular.
  - Els **motors elèctrics** es basen en l'efecte del **magnetisme** sobre el corrent elèctric que circula per un conductor.
  - Un motor elèctric conté un circuit giratori format per moltes espires, anomenat **rotor**, pel qual passa corrent, i diversos imants fixos repartits circularment en l'estator. El gir pot ser més ràpid perquè l'efecte de les espires i dels imants se suma.
- Faraday va descobrir que un **camp magnètic** pot produir **corrent elèctric**.
- Podem observar el fenòmen de la **inducció magnètica** amb l'experiment següent:
  - Es connecta una bobina, per la qual no passa corrent, a un amperímetre, l'agulla del qual està immòbil perquè no hi ha pas de corrent.
  - Apropem un imant a la bobina, amb la qual cosa s'observa que circula corrent en un sentit.
  - Allunyem l'imant, i circula corrent en sentit contrari.
- Passa el mateix en moure la bobina dins del camp magnètic.
- En un circuit elèctric que no disposa d'un generador es pot crear **corrent elèctric** a partir de l'efecte de la variació d'un camp magnètic sobre una bobina.
- La **intensitat** d'aquest **corrent elèctric induït** depèn de la rapidesa amb què variï el camp magnètic. La variació s'aconsegueix, a la pràctica, fent girar una bobina dins del camp creat per un imant fix.
- Aquest descobriment va suposar la possibilitat de crear corrent elèctric d'una manera més pràctica que la produïda per les piles químiques utilitzades fins llavors.

Electricitat + magnetisme = moviment

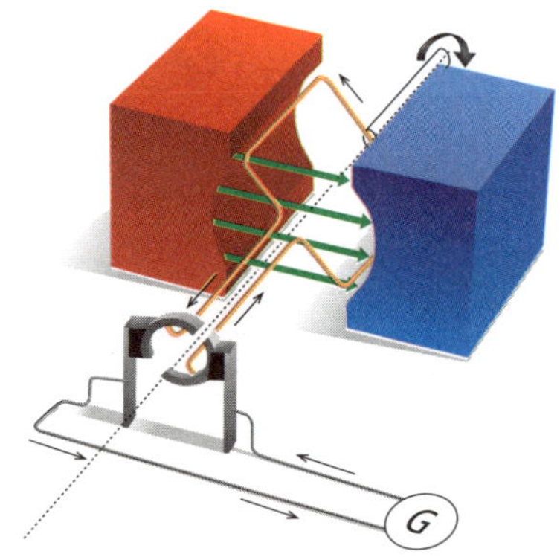

El pas de corrent per una espira sotmesa a un camp magnètic produeix el gir de l'espira.

Moviment + magnetisme = corrent elèctric

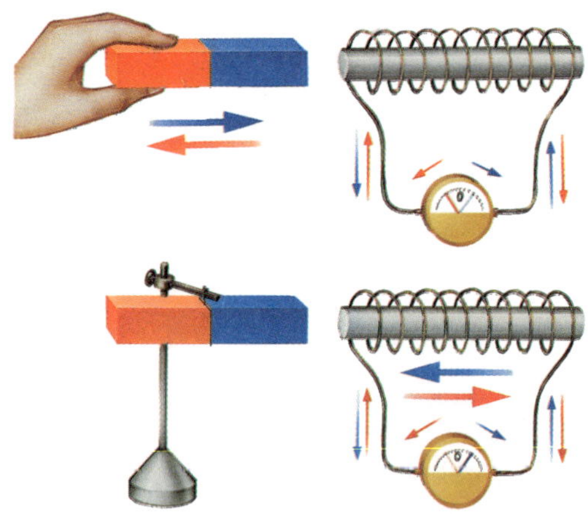

Producció de corrent en un circuit elèctric gràcies al moviment d'un imant o d'una bobina.

22. **Escriu les parts d'un motor elèctric on correspongui:**

1. eix
2. rotor
3. carcassa
4. estator

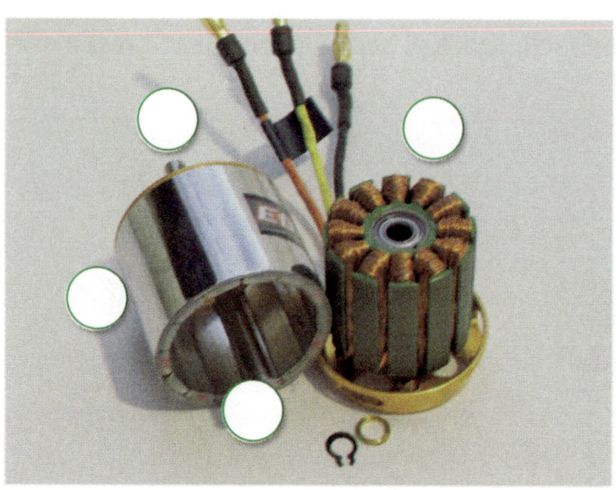

@ Amplia a la Xarxa...

Pots treballar amb simulacions d'un motor elèctric a: www.tiching.com/732084

Treballa amb una simulació d'un generador de corrent altern a: www.tiching.com/732085

23. **Dibuixa i descriu els esquemes bàsics següents:**

Circuit elèctric per produir moviment	Circuit elèctric per produir corrent elèctric

24. **Els motors elèctrics es fan servir en nombrosos aparells. Esmenta, dels aparells elèctrics que tinguis a casa, els que funcionen mitjançant un motor:**

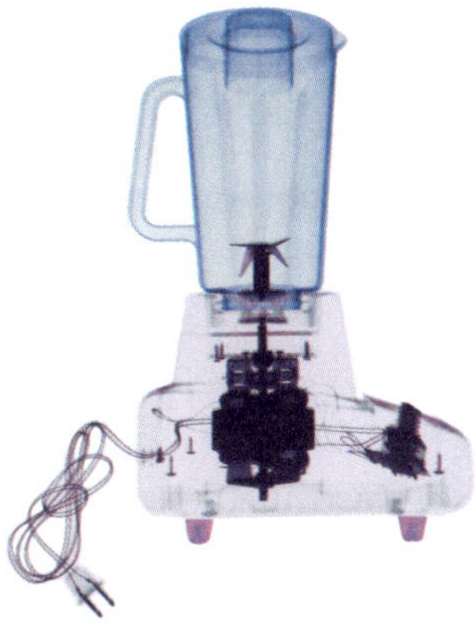

25. **Explica qui va descobrir la manera de produir corrent elèctric sense piles i com va ser possible aquest descobriment:**

5 Producció de corrent elèctric

- El **corrent elèctric** es genera a les centrals elèctriques.
- Les centrals elèctriques utilitzen la **inducció electromagnètica**: el generador de corrent altern.
- Anomenem **generador de corrent altern** o **alternador** el sistema on el camp magnètic variable s'aconsegueix en girar una o diverses espires de coure a l'interior del camp magnètic creat per un gran imant. Aquest corrent és altern perquè varia de sentit i de valor alternativament.
- Les **piles** generen corrent **continu** perquè la seva intensitat és constant, sense canviar de sentit ni de valor.
- Els tres tipus de centrals elèctriques més comuns són; les **tèrmiques**, les **nuclears** i les **hidroelèctriques**.
- Totes es basen en el mateix **principi de funcionament**: una font d'energia gira una turbina connectada al sistema de bobines d'un alternador; aquest gir de les bobines produeix el corrent elèctric.
- La diferència entre unes i altres està en l'energia utilitzada.
- El transport del corrent elèctric des de les centrals fins als llocs de consum es fa a través de la **xarxa elèctrica**:
  - A les centrals elèctriques s'eleva la tensió (a més de 132 000 V) amb **transformadors elevadors**. Així, es disminueix la pèrdua d'energia en els cables de les línies d'alta tensió.
  - Les línies d'alta tensió transporten el corrent elèctric fins a les zones industrials o habitades. Allà, uns **transformadors reductors** redueixen la tensió a 45 000 V (zones industrials) o a 15 000 V (zones habitades). És l'anomenada **mitjana tensió**.
  - El corrent elèctric a mitjana tensió es redueix, al seu torn, a 400 V o a 230 V, que és el subministrament habitual a les petites indústries i als habitatges (**baixa tensió**).

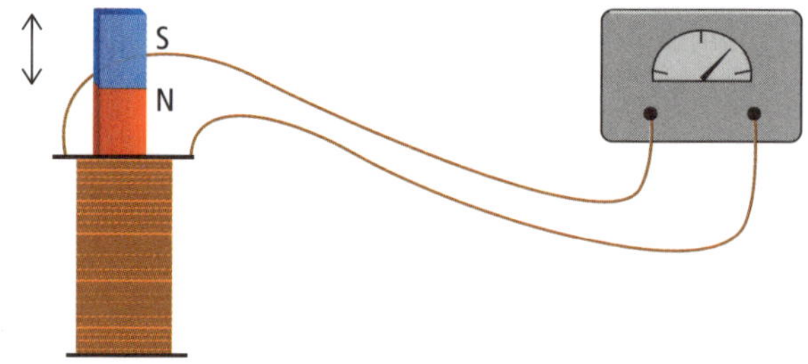

Producció de corrent elèctric induït movent un imant.

Esquema simplificat de l'alternador. El moviment de gir de l'espira dins del camp magnètic produeix corrent elèctric.

@ Amplia a la Xarxa...

Per saber més sobre el corrent continu i el corrent altern, entra a: www.tiching.com/732088

26. Descriu el funcionament de l'alternador que tenen algunes bicicletes:

....

....

....

....

....

....

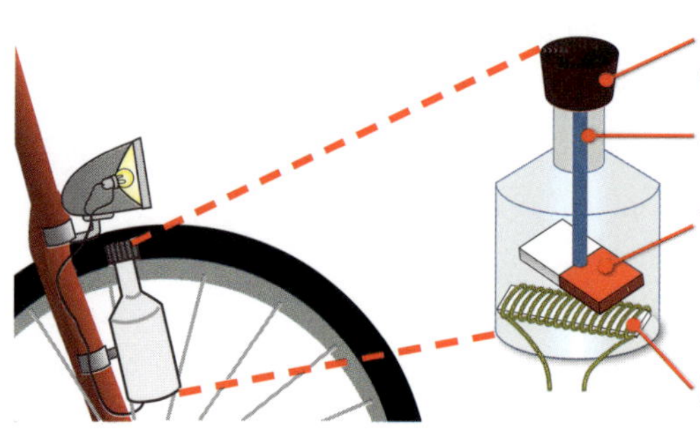

27. **Dibuixa i descriu l'esquema bàsic següent:**

Circuit elèctric generador de corrent altern

....

....

....

....

....

....

....

....

....

28. **Relaciona:**

corrent continu •

• Varia de sentit i de valor.

corrent altern •

• No canvia de sentit ni de valor.

29. **Descriu com arriba el corrent elèctric des de les centrals elèctriques fins a les nostres llars:**

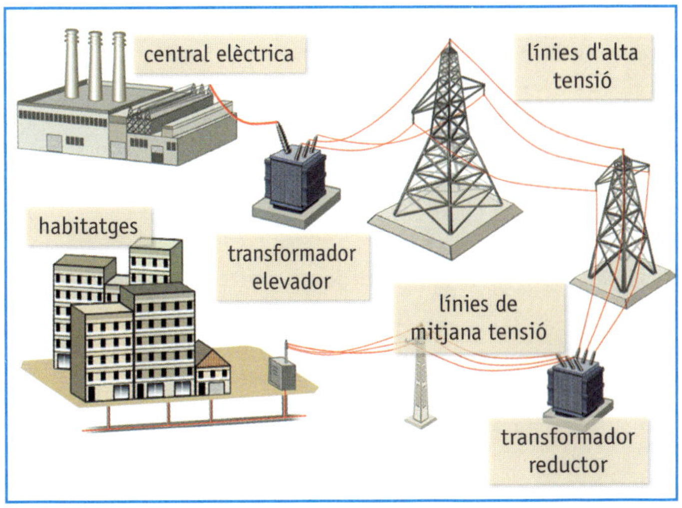

....

....

....

....

....

....

....

....

....

30. Explica per què hi ha imants temporals i imants permanents i quines diferències tenen:

....

....

....

....

31. Podem aconseguir un imant amb un sol pol?

....

32. Explica per què per fabricar una brúixola es fa servir una agulla imantada. Per què no un imant d'una altra forma?

....

....

....

....

33. Quines semblances i quines diferències tenen un electroimant i un imant?

Semblances ....

....

Diferències ....

....

34. Completa les frases següents:

a) La .... és un enorme .... els pols de la qual estan orientats al revés que els pols nord i sud geogràfics.

b) Podem imantar un objecte de .... o .... fregant-lo amb un imant.

c) Les línies del camp .... són tancades; surten per un .... i entren per l'altre.

d) Una .... o solenoide per la qual passa corrent crea un camp .... semblant al d'un ....

35. Relaciona les paraules següents amb les explicacions:

1. magnetita	◯ imant artificial permanent
2. ferro imantat	◯ s'atreuen
3. acer imantat	◯ imant natural
4. nord-nord	◯ imant artificial temporal
5. nord-sud	◯ el corrent crea magnetisme
6. Øersted	◯ es repel·leixen
7. Faraday	◯ el magnetisme crea corrent

36. Escriu veritable (V) o fals (F):

◯ Els imants i el corrent elèctric no tenen res a veure.

◯ Es poden imantar metalls amb imants.

◯ El ferro imantat esdevé un imant permanent.

◯ Un electroimant és un imant envoltat per un cable elèctric.

◯ Un motor gira gràcies a uns imants que té a l'interior.

◯ El corrent elèctric es produeix sempre a les centrals elèctriques.

◯ És més barat utilitzar piles que corrent elèctric dels endolls.

37. Fixa't en el circuit de la figura i contesta:

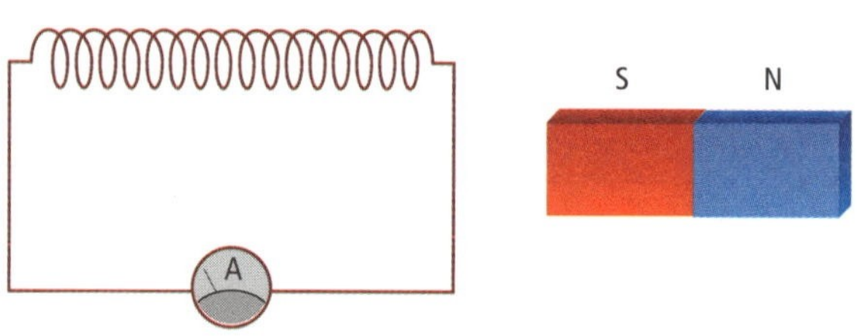

– Què faries perquè l'amperímetre indiqués el pas de corrent?

....

....

....

....

 Comprova el que has après

CONTESTA LA PREGUNTA INICIAL

Quina relació hi ha entre electricitat i magnetisme?

CONSOLIDA EL QUE HAS APRÈS

38. Resol els mots encreuats següents:

Vertical

1. Un altre nom amb què es coneix una bobina.
2. Produeix corrent elèctric a partir del gir i del magnetisme.
3. Generador que produeix corrent altern.
4. Fer que un objecte de ferro o acer tingui propietats magnètiques.
5. Ho són el ferro i l'acer.
6. Cos format per una matèria amb propietats magnètiques.
7. Aparell que ajuda a situar el nord terrestre.
8. Així es diuen les aurores que es poden veure a prop del pol nord.

Horitzontal

9. És el conjunt d'una bobina amb una barra de ferro al seu interior.
10. Genera gir a partir del corrent elèctric i del magnetisme.
11. Així es diuen les aurores que es poden veure prop del pol sud.
12. Lloc on es genera el corrent altern.

39. Digues alguna aplicació dels electroimants:

40. Relaciona els conceptes de cada columna:

1. brúixola	◯ no renovable
2. creació de corrent elèctric	◯ contaminació atmosfèrica
3. moviment d'un motor	◯ moviment + imant
4. central nuclear	◯ renovable
5. central hidroelèctrica	◯ camp magnètic terrestre
6. fonts no renovables	◯ alternador
7. centrals elèctriques	◯ crea camp magnètic
8. electroimant	◯ corrent elèctric + imant

Taula periòdica dels elements

CLAU DE LA TAULA

Nombre atòmic: 1 · Símbol: H · Nom: Hidrogen · Massa atòmica: 1,008

Les masses atòmiques entre parèntesis corresponen al nucli més estable.

sòlid · *líquid (a 30 °C)* · *gasós* · *sintètic*

Metalls · *Semimetalls* · *No-metalls* · *Gasos nobles*

	Grup 1	Grup 2	Grup 3	Grup 4	Grup 5	Grup 6	Grup 7	Grup 8	Grup 9	Grup 10	Grup 11	Grup 12	Grup 13	Grup 14	Grup 15	Grup 16	Grup 17	Grup 18
Període 1	1 H Hidrogen 1,008																	2 He Heli 4,003
Període 2	3 Li Liti 6,94	4 Be Beril·li 9,01											5 B Bor 10,81	6 C Carboni 12,01	7 N Nitrogen 14,01	8 O Oxigen 16,00	9 F Fluor 19,00	10 Ne Neó 20,18
Període 3	11 Na Sodi 22,99	12 Mg Magnesi 24,31											13 Al Alumini 26,98	14 Si Silici 28,09	15 P Fòsfor 30,97	16 S Sofre 32,07	17 Cl Clor 35,45	18 Ar Argó 39,95
Període 4	19 K Potassi 39,10	20 Ca Calci 40,08	21 Sc Escandi 44,96	22 Ti Titani 47,87	23 V Vanadi 50,94	24 Cr Crom 52,00	25 Mn Manganès 54,94	26 Fe Ferro 55,85	27 Co Cobalt 58,93	28 Ni Níquel 58,69	29 Cu Coure 63,55	30 Zn Zinc 65,38	31 Ga Gal·li 69,72	32 Ge Germani 72,64	33 As Arsènic 74,92	34 Se Seleni 78,96	35 Br Brom 79,90	36 Kr Criptó 83,80
Període 5	37 Rb Rubidi 85,47	38 Sr Estronci 87,62	39 Y Itri 88,91	40 Zr Zirconi 91,22	41 Nb Niobi 92,91	42 Mo Molibdè 95,94	43 Tc Tecneci (98)	44 Ru Ruteni 101,07	45 Rh Rodi 102,91	46 Pd Pal·ladi 106,42	47 Ag Plata 107,87	48 Cd Cadmi 112,41	49 In Indi 114,82	50 Sn Estany 118,71	51 Sb Antimoni 121,76	52 Te Tel·luri 127,60	53 I Iode 126,90	54 Xe Xenó 131,29
Període 6	55 Cs Cesi 132,91	56 Ba Bari 137,33	57-71 Lantànids	72 Hf Hafni 178,49	73 Ta Tàntal 180,95	74 W Tungstè 183,84	75 Re Reni 186,21	76 Os Osmi 190,23	77 Ir Iridi 192,22	78 Pt Platí 195,08	79 Au Or 196,97	80 Hg Mercuri 200,59	81 Tl Tal·li 204,38	82 Pb Plom 207,2	83 Bi Bismut 208,98	84 Po Poloni (209)	85 At Àstat (210)	86 Rn Radó (222)
Període 7	87 Fr Franci (223)	88 Ra Radi (226)	89-103 Actínids	104 Rf Rutherfordi (267)	105 Db Dubni (268)	106 Sg Seaborgi (271)	107 Bh Bohri (272)	108 Hs Hassi (270)	109 Mt Meitneri (276)	110 Ds Darmstadti (281)	111 Rg Roentgeni (280)	112 Cn Copernici (285)	113 Uut Ununtri (284)	114 Fl Flerovi (289)	115 Uup Ununpenti (288)	116 Lv Livermori (293)	117 Uus Ununsepti (294)	118 Uuo Ununocti (294)

Nota: Els elements 113, 115, 117 i 118 no han estat encara anomenats

Terres rares

Període 6	57 La Lantani 138,91	58 Ce Ceri 140,12	59 Pr Praseodimi 140,91	60 Nd Neodimi 144,24	61 Pm Prometi (145)	62 Sm Samari 150,36	63 Eu Europi 151,96	64 Gd Gadolini 157,25	65 Tb Terbi 158,93	66 Dy Disprosi 162,50	67 Ho Holmi 164,93	68 Er Erbi 167,26	69 Tm Tuli 168,93	70 Yb Iterbi 173,04	71 Lu Luteci 174,97
Període 7	89 Ac Actini (227)	90 Th Tori 232,04	91 Pa Protoactini 231,04	92 U Urani 238,03	93 Np Neptuni (237)	94 Pu Plutoni (244)	95 Am Americi (243)	96 Cm Curi (247)	97 Bk Berkeli (247)	98 Cf Californi (251)	99 Es Einsteini (252)	100 Fm Fermi (257)	101 Md Mendelevi (258)	102 No Nobeli (259)	103 Lr Laurenci (262)